Psychologie der Jugendzeit

Arbeitshefte Führungspsychologie

Herausgegeben von Prof. Werner Bienert, Ludwigshafen und
Prof. Dr. Ekkehard Crisand, Wilhelmsfeld

Band 12

Psychologie der Jugendzeit

Eine Einführung

von

Professor Dr. Ekkehard Crisand
Wilhelmsfeld

und

Professor Dr. Klaus Kiepe
Wachenheim

2., überarbeitete und erweiterte Auflage 1996

Mit 48 Abbildungen und Tabellen

I. H. Sauer-Verlag GmbH
Heidelberg

1. Auflage 1989 · ISBN 3-7938-7656-X
2. Auflage 1996 · ISBN 3-7938-7160-6

Die Deutsche Bibliothek — CIP-Einheitsaufnahme

Crisand, Ekkehard:
Psychologie der Jugendzeit : eine Einführung ; mit Tabellen /
von Ekkehard Crisand und Klaus Kiepe. — 2., überarb. und erw.
Aufl. — Heidelberg : Sauer, 1996

(Arbeitshefte Führungspsychologie ; H. 12)
ISBN 3-7938-7160-6

NE: Kiepe, Klaus:; GT

ISBN 3-7938-7160-6

© 1996 I. H. Sauer-Verlag GmbH, Heidelberg

Das Werk einschließlich aller seiner Teile ist urheberrechtlich geschützt. Jede Verwertung außerhalb der engen Grenzen des Urheberrechtsgesetzes ist ohne Zustimmung des Verlages unzulässig und strafbar. Das gilt insbesondere für Vervielfältigungen, Bearbeitungen, Übersetzungen, Mikroverfilmungen und die Einspeicherung und Verarbeitung in elektronischen Systemen.

Satz: Filmsatz Unger & Sommer GmbH, 69469 Weinheim

Druck und Verarbeitung: Progressdruck GmbH, 67346 Speyer

Umschlagentwurf: Horst König, 67067 Ludwigshafen

∞ Gedruckt auf säurefreiem, alterungsbeständigem Papier, hergestellt aus chlorfrei gebleichtem Zellstoff (TCF-Norm)

Printed in Germany

Vorwort zur 2. Auflage

Im Vorwort möchten wir deutlich machen, warum wir über das vorliegende Thema geschrieben haben. Es sind mehrere Gründe:

1. In der Öffentlichkeit und von den Medien wird immer von *der Jugend* gesprochen. Natürlich weiß man, daß es *die* Jugend nicht gibt; aber vielen Aussagen – so widersprüchlich sie auch waren – mußte man zustimmen, ohne sie einordnen zu können.

   Bis dann durch die Shell-Studie 1982 die wichtige Erkenntnis kam, daß eine Unterscheidung der Jugendlichen doch möglich ist, und zwar je nachdem, wie sie die Erwachsenen sehen:
   – in Jugend-zentrierte Jugendliche und
   – in Erwachsenen-zentrierte Jugendliche.

   Die einen, die das Verhalten der Erwachsenen eher ablehnen, und die anderen, die das Verhalten der Erwachsenen modifizieren und zu ihrem eigenen Vorbild nehmen. Der Grundstein hierfür wird in aller Regel in der eigenen Familie gelegt.

2. Wir wollten den Erwachsenen aufzeigen, in welch schwieriger und oftmals bedauernswerter Lage die Jugendlichen sind. Etwas schwülstig könnte man sie „die verkannte Generation" nennen. Sie fühlen sich oft einsam und verlassen, verdecken aber ihre Unsicherheit durch Abwehrmechanismen, indem sie z. B. kompensieren.

3. Wir wollten aufzeigen, daß die Jugendlichen oftmals für ein Verhalten bestraft werden, für das sie nichts können: es ist entwicklungsbedingt.

   Wenn der Jugendliche für
   – Unruhe
   – Ziellosigkeit
   – Zerfahrenheit
   bestraft wird, dann müßten wir auch den alten Menschen bestrafen, der nur noch langsam über die Straße geht: denn dieses Verhalten ist auch entwicklungsbedingt.

4. Wir wollten schließlich den Erziehern und Eltern zeigen, daß sie nicht prinzipientreu sein müssen, daß sie nicht bei dem einmal Entschiedenen bleiben müssen, daß sie, weil sie (hoffentlich) ein starkes Selbstwertgefühl haben, es sich erlauben können, den Bitten der Jugendlichen auch nachzugeben.

Denn ehe es sich die Erwachsenen versehen, haben die Jugendlichen einen inneren Kompaß für ihr Verhalten – auch wenn sie sich noch nicht daran halten; sie haben ihn übernommen von ihren Eltern und Erziehern. Und deshalb ist die Schlacht schon geschlagen, wenn die Eltern sich vehement ins Zeug legen. Das sind dann nur noch Scharmützel, die eigentliche Entscheidung ist viele Jahre früher gefallen.

Zum Schluß möchten wir noch die Firmen erwähnen, die viel für die Jugendlichen investiert haben. Man könnte entgegnen: „Die tun es aus Egoismus." Nun gut! Aber wieviel persönlicher Einsatz von den Ausbildern Tag für Tag erbracht wird, wissen nur die Beteiligten. Diese Ausbilder haben erkannt, worum es geht: um die Prägung von Menschen und um die Vorbereitung der nächsten Generation.

Für die weitgehende Mithilfe bei der Vorbereitung dieses Arbeitsheftes bedanken wir uns bei Frau Dipl. Betrw. (FH) Ilka Clooß und Herrn Dipl. Betrw. (FH) Thomas Habermann.

Wilhelmsfeld und Wachenheim,   *Ekkehard Crisand*
im Juli 1996   *Klaus Kiepe*

Inhaltsverzeichnis

1.	Einleitung	9
2.	Das Bild vom Jugendlichen	12
2.1	Wie erleben Erwachsene die Jugendlichen?	12
2.2	Wie sehen Jugendliche die Erwachsenen?	14
3.	Die seelische Situation von Jugendlichen	16
3.1	Allgemein: Das Jugendalter	16
3.1.1	Die Pubertät	19
3.1.2	Die Adoleszenz	19
3.2	Körperliche Veränderungen im Rahmen der Pubertät	22
3.2.1	Das körperliche Selbstbild des Jugendlichen	25
3.2.2	Der geschlechtliche Reifungsprozeß	27
3.3	Psychische Veränderungen	29
3.3.1	Wahrnehmung und Vorstellung	31
3.3.2	Das Selbstwertgefühl und das Selbstkonzept	32
3.3.3	Das Eigenwertstreben	33
3.3.4	Rollenunsicherheit und Statusungewißheit	34
3.3.5	Die Subjektivität	38
3.4	Auswirkung der körperlichen und psychischen Veränderungen auf das Verhalten	41
3.4.1	Das Verhalten als Aktion und Reaktion	42
4.	Das Wertesystem des Jugendlichen	45
4.1	Die vier Grundwerte des menschlichen Zusammenlebens	45
4.1.1	Selbstbestimmung	45
4.1.2	Achtung der Person	46
4.1.3	Förderung der seelischen und körperlichen Leistungsfähigkeit	46
4.1.4	Soziale Ordnung	48
4.2	Vom Ausbilder zu fördernde Persönlichkeitsmerkmale	49
4.2.1	Selbständigkeit	49
4.2.2	Teamfähigkeit	49
4.2.3	Reversibles Handeln	50
4.2.4	Selbstsicherheit und Selbstvertrauen	50

4.3	Seelische Grundvorgänge	51
4.3.1	Wahrnehmungslernen (Lernen am Modell)	51
4.3.2	Selbstkonzept und Selbstwertgefühl	53

5.	**Besondere Problembereiche des Jugendlichen**	57
5.1	Leistungsprobleme während der Reifezeit	57
5.2	Der Generationenkonflikt	59
5.3	Sexuelles Verhalten und die Beziehung zum anderen Geschlecht	64
5.4	Die Bedeutung der betrieblichen Gruppe	67
5.5	Die betriebliche Umwelt	71

6.	**Problembewältigung durch den Jugendlichen**	72
6.1	Bewußte Verarbeitung	72
6.2	Unbewußte Verarbeitung	72
6.3	Der Tagtraum	72

7.	**Das Führen von Jugendlichen**	75
7.1	Die Persönlichkeitsbildung als Erziehungsziel	78
7.2	Die vier wesentlichen positiven Verhaltensweisen des Ausbilders	79
7.2.1	Achtung, Wärme und Rücksichtnahme	79
7.2.2	Einfühlendes, nicht wertendes Verstehen	80
7.2.3	Echtheit der Gefühle	81
7.2.4	Förderung positiver Anlagen ohne Bevormundung	81
7.2.5	Auswirkungen eines positiven Verhaltens des Ausbilders	83
7.3	Der Führungsstil	85
7.4	Der richtige Einsatz von Führungsmitteln	89
7.4.1	Umgang mit Kritik	90
7.4.2	Kontrolle	92
7.4.3	Weitergabe von Informationen	93
7.4.4	Gesprächsführung	95

| 8. | **Konflikte** | 96 |

| 9. | **Schlußbemerkung: „Nicht nur negativ und nicht nur pessimistisch"** | 97 |

1. Einleitung

Über keine Phase der menschlichen Entwicklung wird so viel und so unterschiedlich geschrieben und gesprochen wie über die Jugendzeit. Dies scheint aber auch berechtigt, denn gerade dieser Lebensabschnitt hat eine Fülle von speziellen Problemen. Während der Jugendliche als Kind durch seine Eltern weitgehend von den Problemen des täglichen Lebens abgeschirmt wurde, muß er sich nun auf seine Rolle als Erwachsener vorbereiten. Dies bedeutet für den jungen Menschen ein erhebliches Maß an *Anpassung* an vorge-

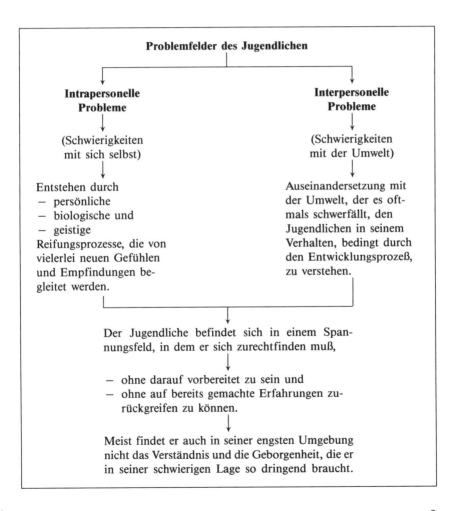

schriebene Normen. Besonders in der Ausbildungszeit muß der Jugendliche auf der einen Seite lernen, *Eigeninitiative* und *Aktivität* zu entwickeln, aber andererseits ist ihm auferlegt, sich nur im vorgegebenen Rahmen zu entfalten. Dies stellt für den jungen Menschen einen *Widerspruch* dar, mit dem er nur schwer zurechtkommt.

Dieser Lebensabschnitt ist deshalb von besonderer Bedeutung, weil in ihm entscheidende Weichen für die weitere Entwicklung gestellt werden. In diese Zeit fällt auch die schulische und berufliche Ausbildung, die zusätzliche Konflikte mit sich bringt. So ist der Jugendliche Problemen aus vielen Bereichen ausgesetzt.

Im Gegensatz zu den Annahmen der älteren Entwicklungspsychologie wissen wir heute, daß bestimmte, als alterstypisch bezeichnete Verhaltensweisen des Jugendlichen nicht nur aus biologischen Reifungs- und Entwicklungsprozessen stammen.

Probleme während der Pubertät wurden früher als direkte Folge der geschlechtlichen Reifung angesehen. Heute weiß man, daß auch der sozialen Umwelt eine wesentliche Bedeutung zukommt. Das Verhalten (V) stellt eine Funktion (F) von Reifungsprozeß und Umwelt dar. Formelhaft ausgedrückt sieht das so aus:

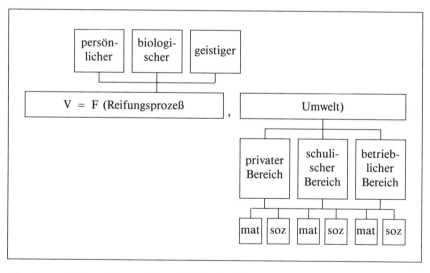

Ein Jugendlicher, dessen Umwelt den Reifungsprozeß durch angemessenes Reagieren unterstützt, zeigt ein anderes Verhalten als ein Jugendlicher, dessen Umwelt diesen Prozeß behindert, ihn allein läßt oder gar in die falsche Richtung drängt.

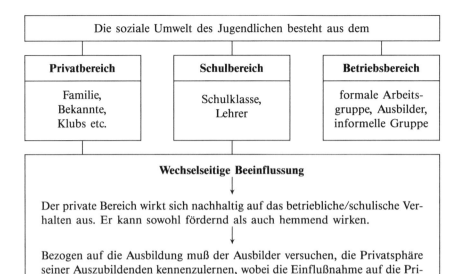

Das richtige Reagieren der Umwelt auf das Verhalten setzt die Kenntnis
− der jeweiligen Situation des Jugendlichen sowie
− der Motive seines Handelns voraus.

Motive als Beweggründe des Verhaltens liegen meist nicht offen zutage, sondern müssen erst erschlossen werden. Die Erschließung der zugrundeliegenden Verhaltensmotive wird bei Jugendlichen durch die Entwicklungsphase erschwert, in der sie sich gerade befinden. Ihre Gedanken und Empfindungen sind kaum von den Erwachsenen nachvollziehbar.

Merke:

Aus diesem Grund ist es notwendig, daß sich Eltern, Lehrer und Ausbilder die Situation des Jugendlichen vor Augen führen,
− um einen Zugang zu seiner persönlichen Erlebniswelt zu finden,
− um in angebrachter Weise reagieren zu können.

2. Das Bild vom Jugendlichen

2.1 Wie erleben Erwachsene die Jugendlichen?

Denken wir an Jugendliche, so verbinden wir mit diesen Gedanken ganz bestimmte Empfindungen und Vorstellungen. In der Öffentlichkeit hört man über die Jugend oft Meinungen wie z. B.:

- „Jugendliche denken pessimistisch an die Zukunft!"
- „Jugendliche lehnen Erwachsenenmeinungen und Ratschläge ab!"
- „Jugendliche lehnen die Religion ab!"
- „Jugendliche führen wilde Ehen!"
- „Jugendliche und ihr Gruppengehabe!"
- „Jugendliche und ihr Kleidungsstil!"
- „Jugendliche haben sprachliche und menschliche Umgangsformen, die zu wünschen übrig lassen!"
- „Jugendliche sind von Drogen, Alkohol und Zigaretten abhängig!"
- „Jugendliche lehnen Sitten, Gebräuche und Traditionen ab!"
- „Jugend, das ist die 'Null-Bock-Generation'!"[1]

Wir sollten uns fragen, ob diese Meinungen der Allgemeinheit über das Verhalten Jugendlicher wirklich charakteristisch für die *heutige* Jugend sind oder ob es diese Probleme zwischen Erwachsenen und Jugendlichen schon immer gegeben hat.

Hierzu folgende Zitate:

„... 1. „Unsere Jugend ist heruntergekommen und zuchtlos. Die jungen Leute hören nicht mehr auf ihre Eltern. Das Ende der Welt ist nahe."
(*Chaldäa*, 2000 v. Chr.)

2. „Die Jugend liebt heute den Luxus, sie hat schlechte Manieren, verachtet die Autorität, hat keinen Respekt mehr vor älteren Leuten und schwätzt, wo sie arbeiten soll. Die Jugend steht nicht mehr auf, wenn

---

[1] Vgl. „Jugend '81", Studie im Auftrag des Jugendwerks der Deutschen Shell, durchgeführt von Psydata, Institut für Marktanalysen, Sozial- und Mediaforschung GmbH, 2. Auflage, Opladen 1982, S. 379 ff.

Ältere das Zimmer betreten. Sie verschlingen bei Tisch die Speisen und legen die Beine übereinander. Sie widersprechen den Eltern und tyrannisieren die Lehrer."

(*Sokrates*, 400 v. Chr.)

3. „Die Erzieher, die mit der Jugend zu fühlen glauben, sind Schwärmer; Jugend will garnicht verstanden sein. Der Erwachsene, der sich ihr aufdringlich nähert, wird ihr ebenso lächerlich, als wenn er Kinderkleider anzöge."

(*Remarque*, 1931) ..."

4000 Jahre gibt es also schon Probleme und Angst um die Jugend und vor der Jugend. Das ist heute nicht anders als damals. Wir wissen zwar nicht, wie dieses Bild der Jugend zur Zeit Sokrates' entstanden ist, wir können uns aber fragen, wie heute das Bild der Jugend entsteht.

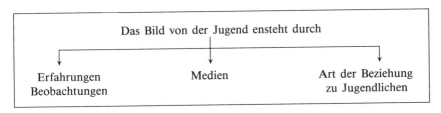

Ein wichtiger Faktor, durch den unser Bild von Jugendlichen geprägt wird, sind die eigenen Erfahrungen, die wir im Umgang mit ihnen gemacht haben:

— Hat sich die „Jugend" uns gegenüber als nett und hilfsbereit gezeigt, so haben wir ein positives Bild von ihr.
— Haben wir uns in der Vergangenheit über Jugendliche geärgert, so neigen wir dazu, alle Jugendlichen in einem negativen Licht zu sehen.

Besonders klar erkennbare Eigenschaften und Verhaltensweisen einzelner Gruppen, wie z.B. Punker, Rocker, Vertreter der „Null-Bock-Generation", Drogenabhängige, Hausbesetzer etc., werden in starkem Maß auch durch die Berichterstattung der *Medien* auf die gesamte Jugend übertragen und verallgemeinert.

Durch entsprechende Reportagen, Berichte und das für einen Großteil der Bevölkerung negative Erscheinungsbild von Minderheiten verschiebt sich das Bild, das die Erwachsenen von der Jugend haben, ins Negative. Dabei wird ein Großteil der jugendlichen Bevölkerung außer acht gelassen, da sie in ihren Verhaltensweisen von der Bevölkerung gar nicht wahrgenommen wird. Sie passen in die einmal geprägte Negativschablone nicht hinein.

Weiterhin ist die *Art der Beziehung*, die wir zu unseren eigenen Kindern haben, prägend für unsere Einstellung. Oftmals vergleichen wir auch mehr oder weniger bewußt die „heutige Jugend" mit unserer eigenen Jugend. Beide sind aber nicht vergleichbar. Die heutige Jugend entwickelt sich in einer ganz anderen Gesellschaft, die sich durch ihre Normen von der Gesellschaft unterscheidet, in der wir groß wurden. Unser eigenes Verhalten hat sich ja auch geändert und ist mit dem unserer Eltern nicht mehr vergleichbar.

Zusammenfassung

- Unser Bild von der Jugend entsteht durch Erfahrungen bzw. Beobachtungen, die wir mit ihr gemacht haben.
- Das Bild, das sich hieraus ergibt, vergleichen wir unbewußt mit dem von unserer eigenen Jugend.
- Dieser Vergleich ist jedoch falsch, da jede Jugend in ihrem eigenen und besonderen Umfeld aufwächst.

2.2 Wie sehen Jugendliche die Erwachsenen? [2]

Für die Entwicklung der Jugendlichen ist es aber auch wichtig, wie *sie* die Erwachsenen sehen. Da sich der Jugendliche sehr stark an anderen Menschen orientiert, die einen großen Eindruck auf ihn machen, müssen wir uns darüber im klaren sein, daß wir durch unsere *Vorbildfunktion* einen großen Einfluß ausüben. Dieses gilt sowohl im positiven als auch im negativen Sinn.

Haben Jugendliche negative Erfahrungen mit Erwachsenen gemacht, werden sie sich eher von den Erwachsenen abwenden und ihnen mißtrauen. Man spricht dann von *jugendzentrierten Jugendlichen*.

Haben Jugendliche eher positive Erfahrungen mit Erwachsenen gemacht, werden sie sich an ihnen orientieren. Man spricht dann von *erwachsenenzentrierten Jugendlichen*.

---

[2] Vgl. „Jugend '81", a.a.O., S. 622ff.

Inwieweit sich Jugendliche an Erwachsenen orientieren, wurde anhand der Shell-Studie untersucht, die folgendes Gesamtergebnis zeigt:
54% der Jugendlichen sind eher *erwachsenenzentriert*,
46% der Jugendlichen sind eher *jugendzentriert*[3].
Etwas mehr als die Hälfte der Jugendlichen orientiert sich demnach eher an den Erwachsenen und sucht den Kontakt zu ihnen.

Zusammenfassung

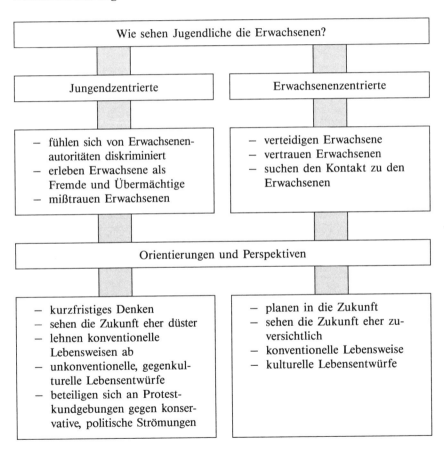

___
3 Vgl. „Jugend '81", a.a.O., S. 622 ff.

3. Die seelische Situation von Jugendlichen

Die seelische Situation des Jugendlichen ist geprägt durch *Unsicherheit* und *Mangel an Erfahrungen* im Umgang mit dieser Unsicherheit.

Er muß mit Veränderungen im körperlichen und seelischen Bereich umzugehen lernen, für die er selbst oft keine Erklärung findet. Neue Gefühle und Empfindungen treten auf, mit denen er meist allein fertig werden muß.

Für den Umgang mit Jugendlichen ist es wichtig, allgemeine Fakten zu wissen über:

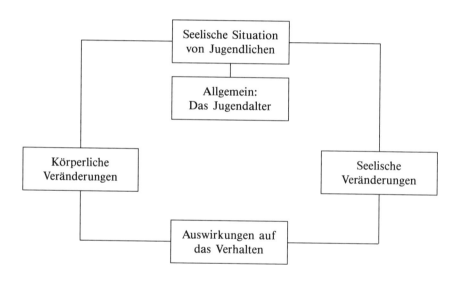

Diese Fakten werden im folgenden Abschnitt näher erläutert.

3.1 Allgemein: Das Jugendalter

Das Jugendalter ist ein wichtiger Lebensabschnitt in der menschlichen Entwicklung. In dieser Zeit reift das Kind psychisch und körperlich zum Erwachsenen heran. Was kennzeichnet einen Menschen, der sich gerade im Jugendalter befindet?

Zunächst sein Verhalten, sein Auftreten und sein äußeres Erscheinungsbild.
Grundsätzlich beginnt das Jugendalter mit dem *Einsetzen der geschlechtlichen Reifung*. Dieses ist bei Mädchen und Jungen verschieden:
- bei Mädchen mit ca. 9-11 Jahren,
- bei Jungen mit ca. 11-13 Jahren.

		Kindheit	Pubertät	Reife
Mädchen	11 Jahre	80%	15%	5%
	13 Jahre	15%	35%	50%
	15 Jahre	2%	8%	90%
	17 Jahre	–	–	100%
Jungen	11 Jahre	100%	–	–
	13 Jahre	60%	35%	5%
	15 Jahre	10%	30%	60%
	17 Jahre	–	8%	92%

Diese Übersicht kann nur einen Hinweis geben, sie erhebt keinen Anspruch auf Exaktheit, da keine entsprechenden aktuellen Untersuchungen vorliegen.

Sie soll alle diejenigen, die mit Jugendlichen zu tun haben, anregen, nicht das Lebensalter als Maßstab zu nehmen, sondern das Entwicklungsalter zu beachten.

Das Ende der Reifung *(Adoleszenz)* geht meist einher mit der Übernahme der Erwachsenenrolle, d. h. wenn der Jugendliche einen relativen Grad geistig-seelischer und wirtschaftlicher Unabhängigkeit erreicht hat.

Daß das Ende der Adoleszenz, also der Beginn des Erwachsenseins, nichts mit dem Lebensalter zu tun hat, sehen wir an folgendem Beispiel.

Zwei 22jährige verhalten sich völlig verschieden:
- Der eine ist wenige Jahre nach seiner Gesellenprüfung schon Lehrschlosser und betreut Lehrlinge, er trägt für sie Verantwortung und bestimmt ihre Leistung,
- der andere ist noch Student und muß hinnehmen, wenn „ungenügend" unter seiner Klausur steht.

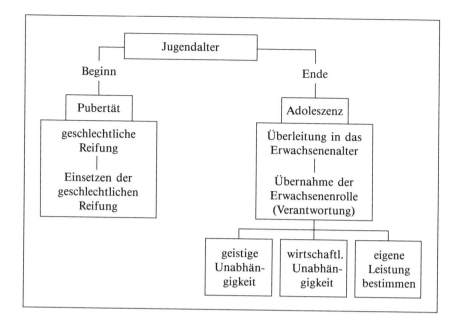

Was ist so Besonderes an diesem Jugendalter?

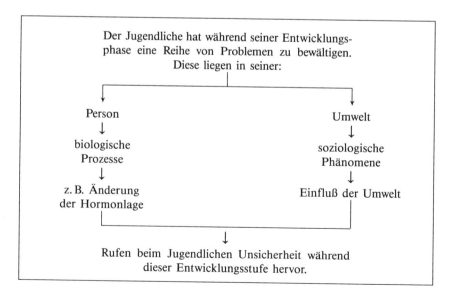

3.1.1 Die Pubertät

Die Pubertät ist die Zeit der geschlechtlichen Reifung. Reifung bedeutet in diesem Zusammenhang Verhaltensänderungen, die unabhängig von der Umwelt erfolgen.

Der Jugendliche lernt in der Pubertät „geistig laufen", während er als Kind mit ca. einem Jahr körperlich laufen lernte. Beide Vorgänge sind für den Menschen gleich bedeutungsvoll, bewirken aber sehr verschiedene Reaktionen bei der Umwelt:

Reaktion, wenn das Kind körperlich laufen lernt	Beim Kind achten die Bezugspersonen darauf, daß es sich (trotz seines Unvermögens) frei und selbständig fühlt (sie engen es nicht durch festen Griff ein). Die Eltern bleiben aber so nahe, daß sie bei Bedarf einspringen können.
Reaktion, wenn der Jugendliche „geistig" laufen lernt	Hier wollen die Bezugspersonen ihm ihre eigenen Gedanken und Erfahrungen aufzwingen. Nimmt der Jugendliche diese nicht an, wenden sie sich von ihm ab und warten, bis er „auf die Nase fällt", mit dem Hinweis: „... das habe ich dir vorausgesagt".

Warum verhalten sich die gleichen Eltern in den beiden Phasen so verschieden? Das Erzieherverhalten ist Kleinkindern und Jugendlichen gegenüber verschieden, weil das „Kindchenverhalten" des Kleinkindes den Erwachsenen zu nachsichtiger Hilfe anregt, was man bei dem ruppigen und unharmonischen Aussehen und Verhalten des Jugendlichen nicht sagen kann.

3.1.2 Die Adoleszenz

Die Adoleszenz ist die Zeit der Überleitung zum Erwachsenenalter nach Vollendung der geschlechtlichen Reifung.

Beim Übergang von der Kindheit zum Erwachsenenalter muß der junge Mensch eine Reihe von Problemen bewältigen:

1. Selbstfindung
2. Orientierung an der Gesellschaftshierarchie

3. Entwicklung vorläufiger Lebenspläne und Anbahnung der wirtschaftlichen Selbständigkeit
4. Ablösung von der Familie
5. Aufnahme von heterosexuellen Kontakten und „Bewältigung" der Sexualität

---

Ende der Adoleszenz
↓
Der Jugendliche muß Verantwortung tragen aufgrund der Übernahme der Erwachsenenrolle.
↓
Er muß versuchen, sowohl

- geistig, als auch
- wirtschaftlich

unabhängig zu werden.

Zusammenfassung

Es gibt zwei Abschnitte des Jugendalters:

- die Pubertät = Beginn und Verlauf der geschlechtlichen Reifung
- die Adoleszenz = Ende der geschlechtlichen Reifung, Übergang ins Erwachsenenalter

Das Jugendalter beginnt mit ca. 11 Jahren und dauert etwa bis zum 20. Lebensjahr, bis zur Übernahme der Erwachsenenrolle (kann sich z. B. bei Studenten verlängern – wirtschaftliche Abhängigkeit).

Das Einsetzen der geschlechtlichen Reifung ist bei Jungen und Mädchen verschieden.

Eine besondere Form des Jugendalters ist die Nachjugendphase, auch *Post-Adoleszenz* genannt, die den Zeitraum zwischen der klassischen Jugendphase (allgemeine Schulzeit, Familie) und dem Eintritt in den Arbeitsstatus umfaßt. Sie ist ein eingeschobener Übergang vom Jugend- zum Erwachsenendasein[1].

---

1 Vgl. „Jugend '81", a.a.O., S. 100ff.

Der Übergang zur Post-Adoleszenz erfolgt auf drei Wegen:

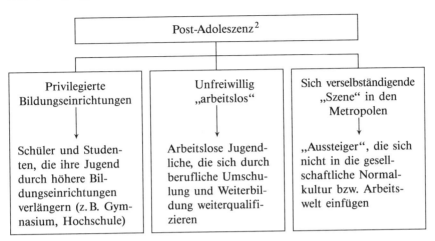

Lehrlinge sind häufig nicht mehr in der Pubertät, sondern in der Adoleszenz oder Post-Adoleszenz (dies trifft besonders auf Abiturienten zu).

Trotzdem sind die Aussagen über die Pubertät für den Ausbilder wichtig, da diese manchmal auch für den in der Adoleszenz stehenden Jugendlichen zutreffen: Der Jugendliche ist zwar körperlich reif, benimmt sich auch sehr selbstbewußt, ist aber im seelischen Bereich noch sehr unausgeglichen und verletzbar; d. h. die seelischen Veränderungen sind bei ihm noch nicht abgeschlossen.

Gerade in dieser Diskrepanz liegt für den nicht selbstsicheren Erwachsenen eine große Gefahr. Er läßt sich vom Äußeren und dem vorgespielten Selbstbewußtsein des jungen Menschen verunsichern. Aussagen wie diese hört man von Jugendlichen immer wieder: „Diese stupide Arbeit, die Sie seit 20 Jahren machen, würde ich höchsten 4 Wochen durchhalten."

Hinzu kommt die in aller Regel sehr gute Ausbildungsorganisation und -ausstattung, so daß viele Erwachsene und Ausbilder vor Ort diese Situation mit der Nachkriegszeit vergleichen, als sie selbst in der Ausbildung waren. Hier stimmen nur noch die Bezeichnungen überein, aber nicht mehr die Inhalte!

---

2 Vgl. „Jugend '81", a.a.O., S. 100 ff.

3.2 Körperliche Veränderungen im Rahmen der Pubertät

Während der Reifezeit verändert sich der Jugendliche in körperlicher und seelischer Hinsicht.

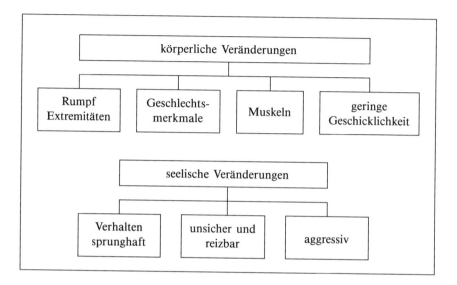

In diesem Zusammenhang wird häufig von dem sogenannten „puberalen Wachstumsschub" gesprochen. Mit diesem Prozeß geht eine Veränderung des körperlichen Erscheinungsbildes des Jugendlichen einher.

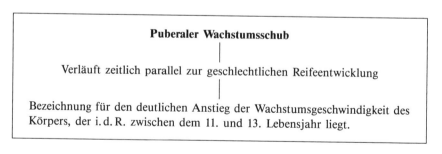

Auch hier gibt es Unterschiede zwischen einzelnen Jugendlichen, insbesondere zwischen Mädchen und Jungen. Insgesamt gesehen ist ein zeitlicher Vorsprung der Mädchen zu beobachten, der ungefähr zwei Jahre beträgt. Während der letzten Jahrzehnte registrierte man eine ständige Vorverlagerung des Einsetzens der körperlichen gegenüber der geistigen Reifung. Dieser Trend wird allgemein als *„Akzeleration"* bezeichnet.

Aber nicht nur das Eintrittsalter in die Pubertät ist unterschiedlich, sondern auch die Körpergröße. Im Verlauf des puberalen Wachstumsschubs wachsen

- Jungen um ca. 20 cm und
- Mädchen um ca. 16 cm.

Parallel zum Längenwachstum nimmt auch das Körpergewicht zu.

Neben dem zeitlichen Unterschied und dem Unterschied im Längenwachstum und Körpergewicht treten im Rahmen der Reifeentwicklung auch Unterschiede in der Körpergestalt von Jungen und Mädchen deutlich hervor.

Unterschiede zwischen Gleichaltrigen

- sind zu erwarten, weil die Entwicklungsvorgänge zeitlich unterschiedlich verlaufen.
- ergeben sich durch unterschiedlich ausgeprägte Interessen, die evtl. auf das abweichende soziale Umfeld („Herkunft") im privaten Bereich zurückgeführt werden können.
- hängen mit der gelegentlich deutlichen körperlichen Überlegenheit derjenigen zusammen, die einen „Reifevorsprung" haben.
- zeigen sich auch in der mehr oder weniger stark ausgeprägten Hinwendung zum anderen Geschlecht. (Abgesehen von der individuellen Unterschiedlichkeit, haben Mädchen in dieser Hinsicht allgemein zunächst einen Entwicklungsvorsprung, den Jungen im Verlauf des Jugendalters aufholen).

Merke:

Man kann vom Lebensalter nicht auf den Entwicklungsstand, also auf das „Entwicklungsalter" schließen, da die Entwicklungvorgänge zeitlich verschieden ablaufen.

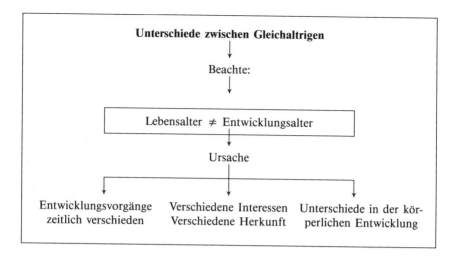

Während bei Mädchen der Beckengürtel stärker wird, ist bei Jungen das Breitenwachstum der Schulterpartie besonders betont. Der Wachstumsschub setzt nicht an allen Körperteilen gleichzeitig ein, sondern beginnt zu unterschiedlichen Zeiten und verläuft auch mit unterschiedlicher Geschwindigkeit. Hierdurch entsteht der für Jugendliche so typische unharmonische Habitus (Erscheinung, Haltung):
— lange Extremitäten,
— kleiner Rumpf,
— kleiner Kopf,
— unkoordinierte Bewegungen.

Anhand der genannten „seelischen Veränderungen" möchten wir noch einmal auf ein häufig anzutreffendes Fehlverhalten von Erwachsenen hinweisen:

Alle Eltern von pubertierenden Kindern haben sicher schon einmal in einer Klassen-Elternversammlung von den Lehrern folgende Klage gehört: „Mit dieser Klasse ist es besonders schlimm!"

Die Schüler werden als
— sprunghaft und unkonzentriert,
— unsicher, reizbar und
— aggressiv
beschrieben. Es handelt sich dabei um nichts anderes als um das *„alterstypische Verhalten"*.

Wie soll man diesem Verhalten begegnen?

Häufig kommt hier von unsicheren Lehrern oder Erziehern die Frage: „Soll ich dieses Verhalten etwa noch belohnen?"

Das sicher nicht, aber man soll es als Erwachsener auch nicht verurteilen. Am besten ist es, wenn man mit dem Jugendlichen das offene und vertrauensvolle Gespräche sucht, etwa nach dem Motto: „Ich verstehe, daß du dich so verhältst, aber ich kann es nicht akzeptieren!"

3.2.1 Das körperliche Selbstbild des Jugendlichen

Gerade in der Zeit der Pubertät schenkt der Jugendliche seinem äußeren Erscheinungsbild besondere Beachtung.

> **Merke:**
> Die körperliche Erscheinung kann zum entscheidenden Kriterium der Selbstbeurteilung werden und damit das Selbstwertgefühl beeinflussen.

Eine wichtige Rolle spielt in diesem Zusammenhang der im vorangegangenen Kapitel erläuterte „puberale Wachstumsschub". Aufgrund der unterschiedlichen Entwicklung der einzelnen Körperteile entsteht beim Pubertierenden der Eindruck „körperlicher Disharmonie". Die Gestalt des Jugendlichen unterscheidet sich deutlich von dem harmonischen Gesamtbild des Schulkindes. Lange Zeit sprach man deshalb auch von einem „Gestaltwandel".

> **Merke:**
> Das gesteigerte Wachstum der Extremitäten führt zu schlaksigen, eckigen Bewegungen, die für das Erscheinungsbild der Jugendlichen zu Beginn des Jugendalters charakteristisch sind.

Ein Beispiel soll das Gesagte verdeutlichen:

Wir alle kennen die Situation in der Familie: Der Jugendliche verschüttet zum xten Male den Kaffee, oder er läßt etwas fallen.

„Wenn er nur nicht so uninteressiert wäre", sagen die Eltern, „aber das macht ihm ja alles nichts aus".

Ist das wirklich so? Beobachten wird doch einmal genau den Vorgang: Der Jugendliche läßt eine Tasse fallen! Wir sollten dann nicht auf „die Bescherung" schauen, sondern auf das Gesicht des Jugendlichen. Dann würden wir feststellen, daß er für Sekunden bleich wird und erstarrt. Bis aber die Anwesenden ihn betrachten, hat er sich gefangen und wirkt, als würde er denken: „Das stört doch keinen großen Geist!"

Wie soll er sich denn auch anders verhalten? Soll er Demut oder Reue zeigen? Natürlich fühlt er, daß er sich vor seinen jüngeren Geschwistern blamiert hat. Um sein Selbstwertgefühl zu schützen, muß er mit einem Abwehrmechanismus reagieren, z. B. mit Überkompensation.

Also sollten die Eltern gelassen bleiben und sich klarmachen: Es handelt sich um ein alterstypisches Verhalten und sollte deshalb nicht bestraft werden. Eventuell helfen dann Worte über die peinliche Situation wie: „Das ist ja nicht so schlimm, wir wischen es auf, und dann können wir weiter frühstücken." Oder ist es den Erwachsenen etwa lieber, daß sich durch viele solcher kleinen Ereignisse beim Jugendlichen die Meinung prägt: „Ich bin ein Tölpel?"

Vergessen wir nicht, daß sich der Jugendliche in einer Phase befindet, in der er Schwierigkeiten hat mit Aufgaben, die

— Bewegungskoordination (Bewegungssteuerung)
— Feinmotorik (Bewegungsabläufe) und
— Geschick

erfordern.

Im Umgang mit Jugendlichen muß folgendes beachtet werden:

Die fehlende Koordination der Bewegungsabläufe wird vom Jugendlichen als Verhaltensunsicherheit erlebt und führt zu einem betonten Überspielen dieser Unsicherheit.

Die mit diesen körperlichen Prozessen verbundenen Gefühle sind für den Jugendlichen neu, und er muß erst lernen, mit ihnen umzugehen.

Durch diese Unsicherheit wird das körperliche Escheinungsbild zum entscheidenden Kriterium der Selbstbeurteilung. Darum äußern Jugendliche häufig Unzufriedenheit und Kritik am eigenen Aussehen.

Die Tatsache, daß Heranwachsende gleichen Alters oft einen unterschiedlichen Entwicklungsstand haben, trägt ebenfalls zur Verunsicherung bei.

Beispiel:
Ein Jugendlicher, der sich erst sehr spät entwickelt hat, merkt, daß gleichaltrige Kameraden für älter gehalten werden als er.

Hierdurch entwickelt der Jugendliche ein „negatives Selbstkonzept" – er fühlt sich zurückgesetzt, und es fehlt ihm an der erwünschten Beachtung durch die Umwelt.

Damit die Entwicklung anders verläuft, bedarf es
– eines besonderen Verständnisses,
– einer einfühlsamen Unterstützung,
– einer Erläuterung der Gründe für die Veränderung von Aussehen und Empfinden.

Die Eltern müssen ihrem Sohn oder ihrer Tochter erklären, daß diese Veränderungen entwicklungsbedingt und daher normal sind. Das muß auch der Ausbilder bei der Ausbildung berücksichtigen.

3.2.2 Der geschlechtliche Reifungsprozeß

Die Geschlechtlichkeit des Menschen tritt nicht erst während der Reifungszeit in Erscheinung, sondern wurde schon vorher geprägt. Mit dem Eintreten des Wachstumsschubs treten erste Anzeichen der geschlechtlichen Reifeentwicklung auf.

```
                    Jungen und Mädchen nehmen immer mehr die
                    Körpergestalt von Mann und Frau an.
```

| Beim Jungen nimmt die Körperbehaarung zu, und der Bartwuchs setzt ein. Der Kehlkopf vergrößert sich, und es kommt zum „Stimmbruch". | Beim Mädchen setzt zuerst die Brustentwicklung ein. Die Schambehaarung tritt wesentlich später auf als bei Jungen. Die „Menarche" (erste Monatsblutung) setzt meist unmittelbar nach dem Höhepunkt des Wachstumsschubs ein. |

Zwischen dem 16. und 18. Lebensjahr bekommt der Geschlechtstrieb eine große Bedeutung. Bei vielen Jugendlichen kann heute eine frühere biologische Geschlechtsreife festgestellt werden. Während dieser Zeit der geschlechtlichen Reifung fühlt sich der Jugendliche einem hohen sexuellen Druck ausgesetzt.

Oft kommt es hierbei zu einem Konflikt zwischen

– den Normen der Eltern bzw. der Umwelt und
– den Gefühlen und Wünschen, die der Heranwachsende verspürt.

Von der psychologischen Theorie her kann man sagen, daß es sich um einen Konflikt zwischen

– dem „Ideal-Ich" und
– dem „Es"

handelt.

Im Rahmen der sexuellen Reifeentwicklung kann es – insbesondere bei verständnislosen Reaktionen der Umwelt – zu massiven Verunsicherungen bei Jugendlichen kommen.

In den letzten Jahren ist jedoch eine erfreuliche Emanzipation festzustellen. Während früher bei den Jugendlichen ein erheblicher Leidensdruck bestand, hervorgerufen durch bestimmte Normen der Eltern und der Kirchen, haben sich die meisten Jugendlichen seit den 60er Jahren von diesem Druck befreit und bilden eigene sittliche Normen, nach denen sie auch leben. Sicherlich hat die „Pille" hier ein angstfreies Leben ermöglicht; aber die Jugendlichen leben auch wahrer, als dies ihre Eltern noch taten, indem sie zu ihrer freien Lebensweise auch stehen.

Wenn der Geschlechtsakt von den Jugendlichen als Mittel und Möglichkeit der Lust gesehen und nach freier Absprache auch gesucht wird, ist deshalb doch kein „Sündenbabel" festzustellen. Im Gegenteil: Viele Jugendliche haben schon in frühen Jahren einen festen Sittenkodex und leben auch ohne „Trauschein" in einem festen Verhältnis mit einem Partner.

Entgegen der Ansicht vieler Eltern führt die Sexualität nicht nur zu einem Konflikt, sondern sie unterstützt den Jugendlichen

– bei dem Sichlösen vom elterlichen Zuhause und
– bei dem Streben nach Selbständigkeit.

Sie ist eine wesentliche Triebfeder des Jugendlichen in seiner Entwicklung zur Eigenverantwortlichkeit.

> **Merke:**
>
> Die geschlechtliche Reifeentwicklung ist wichtig für das Erlernen der Selbständigkeit.

3.3 Psychische Veränderungen

Subjektiv wird die Pubertät als eine „Zeit der Wandlung" erlebt. Im Unterschied zu vorangegangenen Lebensjahren nimmt der junge Mensch diese Veränderungen bewußt wahr.

Dies gilt nicht nur für die erwähnten Veränderungen, sondern auch im Hinblick auf

– das eigene Erleben,
– die eigenen Einstellungen, Werte und Normen.

Mit anderen Worten:

> **Merke:**
>
> Alle mit der körperlichen Reifung verbundenen, bewußt erlebten Gefühle treffen auch auf die psychische Reifung zu.

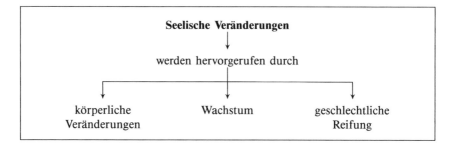

Die psychischen Veränderungen stellen aber nicht nur
- eine Folge der körperlichen Reifeentwicklung dar,
- sondern sind auch die Folge der Reaktion der Umwelt auf diese Prozesse.

Zahlreiche „psychische Pubertätsprobleme" sind eine Folge der vom Jugendlichen empfundenen Unfähigkeit, schon als Erwachsener zu leben.

Das gilt auch für die hierdurch hervorgerufene Unsicherheit in bezug auf
- den zukünftigen Status und
- die gegenwärtige Rolle[3].

Der körperlich reife Jugendliche hat noch einen weiten Weg bis zur vollständigen Eingliederung in die Erwachsenengemeinschaft zurückzulegen.

Um dem Leser Hilfen zum Verstehen des Jugendlichen zu geben, sollen einige Punkte, die auch für die betriebliche Praxis Bedeutung haben, hervorgehoben und nachfolgend näher erläutert werden.

Zusammenfassung

- Neben sichtbaren, körperlichen Veränderungen erfährt der Jugendliche auch unsichtbare, psychische Veränderungen.
- Psychische Veränderungen im Rahmen der Pubertät sind nicht unmittelbare Folgen biologischer Reifungsprozesse, sondern in hohem Maße durch die Umwelt bedingt.
- Alle mit der körperlichen Reifung verbundenen, bewußt erlebten Gefühle treten auch bei der psychischen Reifung auf.

---

3 Die Definition von Status und Rolle ist in der Literatur verschieden. Wir verstehen unter
- Status: die äußere Stellung; Status des Lehrlings, Status des Ausbilders,
- Rolle: die an den Status geknüpfte Verhaltenserwartung; das Verhalten des Lehrlings, das Verhalten des Ausbilders.

3.3.1 Wahrnehmung und Vorstellung

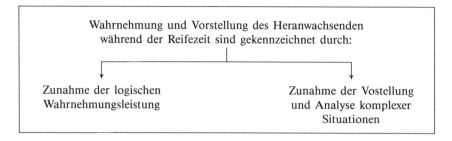

Generell läßt sich sagen, daß der Jugendliche Zusammenhänge

- zunehmend allgemeiner erfassen und
- komplexere Situationen besser analysieren kann.

Er wird besser

- Hypothesen aufstellen,
- Zusammenhänge herstellen und
- formal-logische Beziehungen aufbauen

können.

Aber auch inhaltlich unterscheiden sich die Vorstellungen und Wahrnehmungen des Heranwachsenden von denen eines Schulkindes. Er orientiert sich hierbei stark an bestimmten Personen, die einen nachhaltigen Eindruck auf ihn machen. Das Selbstbild des Jugendlichen sowie Handlungen und Charakter anderer Personen, die für ihn eine Leitbildfunktion haben, nehmen in der Vorstellung einen zunehmend breiteren Raum ein.

Diejenigen, die mit Jugendlichen zu tun haben, sollten erkennen, daß sie über ihre Vorbildfunktion einen großen Einfluß ausüben, sowohl im positiven als auch im negativen Sinn.

1. *Aggressives Verhalten* des Erwachsenen	bewirkt →	aggressives Verhalten beim Jugendlichen = *hohe Nachahmung*
2. *Soziales Verhalten* des Erwachsenen	bewirkt →	soziales Verhalten beim Jugendlichen = *niedrige Nachahmung*

Beispiel:
Möchte ich als Ausbilder erreichen, daß meine Auszubildenden morgens pünktlich sind, muß auch ich pünktlich sein. Komme ich regelmäßig zu spät, wird man mich auch hierfür als Vorbild nehmen.

Weiterhin befaßt sich der Pubertierende in seinen Vorstellungen stärker mit seiner eigenen Zukunft. Dies geschieht sowohl

— in realistischer Weise als auch
— in Form von unrealistischen Tagträumen.

Zusammenfassung

Der Jugendliche orientiert sich stark an Vorbildern. Vom Umgang mit den Eltern, von der Prägung durch die Eltern hängt es ab, wen der Jugendliche sich zum Vorbild wählt. Wenn sie die Eltern (oder den nahen Familien- oder Freundeskreis) akzeptieren, sind diese seine Vorbilder. Andernfalls muß er auf Stars ausweichen.

3.3.2 Das Selbstwertgefühl und das Selbstkonzept

Gerade im Jugendalter kommt dem Selbstwertgefühl eine herausragende Stellung zu. Die „Fundamente" für das Selbstwertgefühl des Erwachsenen werden außer in der Kindheit besonders auch in der Jugendzeit gelegt und sind bestimmend für

— die weitere Entwicklung sowie für
— das Verhalten des Jugendlichen.

Grundsätzlich verstehen wir unter dem Selbstwertgefühl/Selbstkonzept, das Selbstvertrauen oder, anders ausgedrückt, die „*Ich*"-Stärke des Menschen. Es drückt aus, in welchem Maß sich der junge Mensch selbst annimmt, ob er eine positive Einstellung zu sich selbst hat.

Akzeptiert der Jugendliche sein Aussehen, sein Verhalten und seine Fähigkeiten, dann hat er ein eher günstiges Selbstkonzept und ein dementsprechend hohes Selbstwertgefühl.

Ist der junge Mensch mit sich selbst nicht im reinen, dann wirkt sich dies negativ auf sein Selbstkonzept und sein Selbstwertgefühl aus.
Der Jugendliche braucht die Mithilfe der Umwelt, um seine Persönlichkeitsstruktur bewahren bzw. weiterzuentwickeln.
Während das Kind ein für sein Alter und seine Lebensumstände durchaus stabiles Selbstwertgefühl haben kann, ist der Jugendliche generell sehr selbstunsicher. Dies ist auch verständlich, denn

– zum einen muß in dieser Zeit das Selbstwertgefühl für die Erwachsenenzeit geprägt werden,
– zum anderen hat er noch nicht seine Rolle gefunden (er ist rollenunsicher).

Merke:
Dort wo beim Erwachsenen das Selbstwertgefühl sitzt, hat der Jugendliche eine große Leere.

Diese Ausage erstaunt sicher manchen Erwachsenen, der nur das „selbstsichere" Verhalten der Jugend sieht. Selten ist das Verhalten wirklich selbstsicher, sondern der Jugendliche reagiert mit Abwehrmechanismen, z.B. indem er kompensiert.
Demnach hat der Erwachsene die Aufgabe, sich dem jungen Menschen gegenüber so zu verhalten, daß dieser ein günstiges Selbstkonzept entwickeln und damit sein Selbstwertgefühl stärken kann[4].

3.3.3 Das Eigenwertstreben

Zu Beginn der Pubertät wird das Empfinden noch bestimmt von dem Drang nach Unabhängigkeit und Geltung. Mit fortschreitender Pubertät verlagert sich die Gedankenwelt des Jugendlichen von der Außenwelt weg und beschäftigt sich mehr mit der eigenen Person. Er konzentriert sich stark auf die Welt der Gedanken, Gefühle und Stimmungen und entdeckt sein seelisches Ich.
Nunmehr überlegt der Jugendliche, wie er sich selbst vervollkommnen, wie er Mängel ausgleichen kann. Er hat eine starke Tendenz zur *Selbstreflektion*

---

[4] Vgl. *Bienert/Crisand,* Band 1 der Reihe „Arbeitshefte Führungspsychologie" sowie Band 25.

und Selbstkritik. Er sucht seinen Eigenwert und deckt eigene charakterliche Mängel schonungslos auf. Es ensteht ein neuer Problemkreis für ihn, da er bestimmte Wünsche und Vorstellungen hat, die sich aber nicht immer verwirklichen lassen.

Es entsteht wiederum ein Konflikt zwischen dem „Über-Ich" und dem „Es"[5]. Gelingt es dem Heranwachsenden, diesen Zwiespalt zu lösen, bildet er hieraus seine eigene Moral, d. h., die Moral ist entscheidend für seinen Lebensstil, sein Weltbild und sein Verhalten. Er lehnt die aufgedrängte Autorität ab, unterwirft sich aber der selbtgewählten Autorität des Leitbildes. Das bedeutet, daß wir *keine Autoritätspädagogik* zu betreiben brauchen, sondern *nur noch Vorbildpädagogik*. Die eigentliche Zeit der Fremderziehung ist vorüber; es beginnt das *Stadium der Selbsterziehung*.

Das Entwicklungsziel dieser Phase liegt in der seelisch-geistigen Reifung, d. h. in der geistigen Verselbständigung durch Finden eines Gegenwertes.

3.3.4 Rollenunsicherheit und Statusungewißheit

Während in sogenannten „primitiven Gesellschaften" nach Abschluß der biologischen Reifung die vollständige Eingliederung in die Welt der Erwachsenen erfolgt, besteht in unserer Kultur eine längere zeitliche Übergangsphase zwischen

− dem Eintritt in die Geschlechtsreife und
− dem Erreichen des wirklichen Erwachsenenalters.

Der Jugendliche beginnt in dieser Phase erst, sich auf das Erwachsenendasein vorzubereiten, möchte aber schon den Status eines Erwachsenen haben. Tatsächlich befindet er sich aber in einem „Zwischenstatus".

Der Jugendliche bekommt
− von seiner Umwelt keinen eindeutigen Status zugeordnet,
− seine Rolle ist nicht eindeutig festgelegt.

Der Jugendliche ist
− auf der einen Seite kein Kind mehr,
− auf der anderen Seite noch kein vollwertiger Erwachsener.

---

5 D. h. den Normen und den Wünschen.

Er fühlt sich aber nicht mehr als Kind, gibt sich den Anschein eines Erwachsenen und will als solcher behandelt werden.

Merke:
Der Jugendliche ist nach Abschluß der biologischen Veränderungen der Pubertät körperlich bereits ein Erwachsener, ohne jedoch die Rechte und Pflichten des Erwachsenen zu haben.

Anne Frank[6] bringt in ihrem Tagebuch diese Situation so zum Ausdruck:

„... Ich werde ungleichmäßig behandelt. Den einen Tag gehöre ich zu den Großen und darf alles wissen und am nächsten Tag heißt es dann wieder, daß Anne noch ein kleines Schäfchen ist, die denkt, aus Büchern viel gelernt zu haben, aber natürlich nichts rechtes weiß ... Ich habe meine Ideale, meine eigenen Gedanken und Pläne, die ich aber noch nicht in Worte fassen kann..."

Dieser Standort zwischen verschiedenen, in Rechten und Pflichten von der Gesellschaft nicht eindeutig festgelegten Rollen wirft für den Jugendlichen eine Reihe von Problemen auf.

Der soziale Status als Jugendlicher/Auszubildender steht im Widerspruch zur körperlichen Reife. Diesen Widerspruch gibt es in dieser ausgeprägten Form nur in den entwickelten Industrieländern. Besonders in Deutschland wird die Jugendzeit durch unterschiedlich lange Schul- und Hochschulausbildung sowie um die Dauer der Berufsausbildung verlängert. In einfach strukturierten Gesellschaftsformen vollzieht sich der Übergang vom Jugendlichen zum Erwachsenen infolge der sozialen Gegebenheiten wesentlich schneller[7].

Mit dem Verlust des Kindheitsstatus ändert sich auch die Einstellung des Jugendlichen zu seinen Eltern und Geschwistern. Der Heranwachsende löst sich zunehmend aus der meist noch starken Abhängigkeit von seinen Eltern. Während das Schulkind noch die stärkste Beziehung zu seinen Eltern hat, ist das während des Reifungsprozesses immer weniger der Fall.

Der Jugendliche durchlebt die sehr wichtige, aber auch sehr schwierige *Loslösung vom Elternhaus*.

---

6 *Frank, Anne:* Das Tagebuch der Anne Frank, Berlin-Darmstadt-Wien, S. 58.
7 Vgl. Kapitel 3.1.2 Adoleszenz.

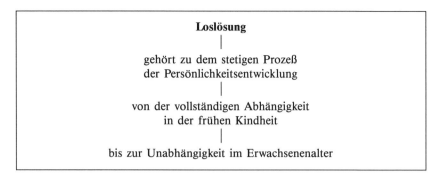

Diese Entwicklung ist für den Jugendlichen besonders wichtig, weil er mit der Übernahme der Erwachsenenrolle die entsprechende Unabhängigkeit erworben haben sollte.

Der Jugendliche sucht *eine neue Orientierung*, die er bei anderen Jugendlichen in der Gruppe findet. Er sucht aufgrund seiner Rollenunsicherheit nach neuen Bedingungen in der Gruppe der Gleichaltrigen.

Dies führt zu
- Mißverständnissen mit den Erwachsenen und
- zu einem Rollenkonflikt.

Merke:

Der Jugendliche ist noch nicht in der Lage, seine eigenen Wünsche, Bedürfnisse oder Vorstellungen unabhängig von fremder Hilfe zu erfüllen.

Zu diesem Entwicklungsstadium gehören auch Verhaltensweisen, die in der Umgangssprache mit dem Begriff „Flegeljahre" gekennzeichnet werden.

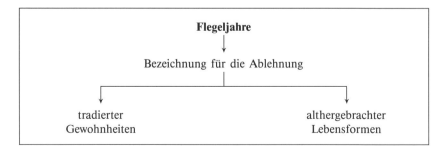

Beim Pubertierenden finden sich häufig sehr tiefgehende Gefühle, ein Gefühlsüberschwang. Echte Leidenschaft und Begeisterung sind möglich, auch ein Bedürfnis nach raschem, häufigem Wechsel. Er wendet sich schnell von einem Interessensgebiet zum anderen. Dies verstärkt seine *Rollenunsicherheit*, die oft durch Überheblichkeit kompensiert wird.

Beispiel:
Bei Jungen
- Betonung der gesteigerten Muskelkraft,
- bewußtes und übertriebenes „Herauskehren" von Verhaltensweisen der Erwachsenen.

Bei Mädchen
- ständiges Tuscheln,
- „Kichern" etc.

Auch das Auftreten von Wut- oder Trotzanfällen während der Reifezeit ist vorwiegend ein Ausdruck von Unsicherheit und somit Bestandteil der „Flegeljahre".

All diese Erscheinungsformen können vor dem Hintergrund eines labilen Selbstwertgefühls gesehen werden.

Fehler im Umgang mit Heranwachsenden werden häufig dadurch gemacht, daß man

- der speziellen Situation und
- der Unsicherheit des Jugendlichen

zu wenig gerecht wird.

Falsches, der Situation unangemessenes Verhalten vermag die Rollenunsicherheit und die Statusungewißheit des Jugendlichen zu verstärken und kann zu schweren Konflikten und Störungen der weiteren Entwicklung führen.

Zusammenfassend läßt sich sagen, daß zwei Fehler häufig zu beobachten sind:

1. Die Unterschätzung der Bedürfnisse, Wünsche und Leistungsmöglichkeiten des Heranwachsenden.
2. Die Überforderung des Jugendlichen in dem Sinn, daß man ihn bereits als Erwachsenen betrachtet und mehr von ihm verlangt, als er beim derzeitigen Stand seiner Fähigkeiten zu leisten vermag.

Richtig wäre eine Behandlung des Jugendlichen, die
- seine Leistungsfähigkeit ausschöpft, ohne ihn zu überfordern, und
- die ihn mit seinen persönlichen Bedürfnissen und in seiner individuellen Eigenart voll akzeptiert.

Merke:

Die hier beschriebenen psycho-sozialen Situationen führen zu Rollenunsicherheit und Statusungewißheit, die eine Vielzahl, als „Pubertätsprobleme" beschriebene Verhaltensweisen erklären.

3.3.5 Die Subjektivität

Die Veränderung, die der Jugendliche während der Reifezeit an seinem eigenen Körper wahrnimmt, wird von ihm meist mit großer Aufmerksamkeit verfolgt und lenkt damit sein Interesse zunehmend auf sich selbst.

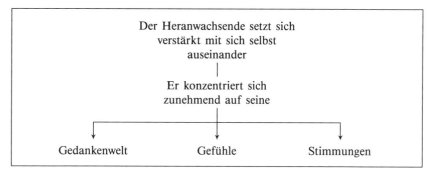

Er entdeckt sein seelisches „Ich", was als *Grunderlebnis der Selbstfindung* bezeichnet wird.

Während dieser Zeit zeigt der Jugendliche ein Verhalten, das bei seiner Umwelt meist auf Unverständnis stößt.

So ist der Jugendliche während dieser Zeit
- egozentrisch (ich-bezogen) und
- subjektiv eingestellt.

Er besitzt zwar eine starke Tendenz zur Selbstreflexion bzw. Selbstkritik. Diese reicht aber nicht aus, um ihn vor einer Überschätzung der eigenen Fähigkeiten zu bewahren.

Erwachsene beurteilen Ereignisse, die den Jugendlichen gefühlsmäßig ansprechen, mit einer eher kritischen Sachlichkeit.

Die Folge ist, daß beide häufig aneinander vorbeireden, da
- der Jugendliche meist aus seiner eigenen Gefühlswelt heraus argumentiert,
- der Erwachsene eher eine gefühlsfreie, sachlichere Sicht der Dinge hat.

Hinzu kommt das Streben des Jugendlichen nach einem eigenen Standpunkt, aufgrund dessen er die konkreten Gegebenheiten zugunsten eigener Wertvorstellungen aufgibt. Er entwickelt ein idealistisches Weltbild und wendet sich gegen alles Starre und Statische.

Aus dieser Situation heraus neigt er zu
- Rationalismus (Vernunft)
- Kompromißlosigkeit (Einigungsunfähigkeit)
- Radikalismus (Handeln ohne Rücksicht auf Folgen)

Seine Kritik richtet sich gegen Kultur, Moral, Religion und Staat, da diese in ihren Wertvorstellungen und Leitbildern meist „statisch" (unbeweglich, feststehend) sind.

Kompromißlos lehnt er jeden Hinweis und Rat ab, wie
- „man" zu denken hat,
- „man" zu handeln hat,
- „man" zu urteilen hat.

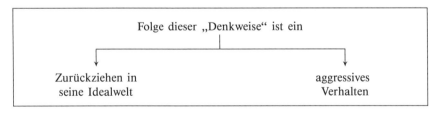

Der Widerspruch zwischen der Wirklichkeit und dem Versuch, die eigenen Vorstellungen verwirklichen zu wollen, kann für ihn zu *Konfliktsituationen* führen mit folgenschweren Konsequenzen.

Hier liegt auch der intrapersonelle (seelische) Beginn der Jugend-/Studentenunruhen der 60er Jahre und des frühen Terrorismus.

Diese Konflikte gehören aber zu den charakteristischen Erscheinungen dieser Entwicklungsstufe.

Merke:
Wichtig ist zu erkennen, daß es
- sich nicht um eine „anomale" Entwicklung des Jugendlichen handelt,
- auf ein angemessenes Reagieren der Umwelt ankommt.

Ein weiteres entwicklungsbedingtes Verhalten, das zu vielen Differenzen und Mißverständnissen im Zusammenleben mit den Erwachsenen führt, sei hier angeführt:

Der Jugendliche kann nicht fragen; seine Frage ist die Behauptung!

Tiefenpsychologisch liegt der Grund in mangelnder Selbstsicherheit. Er fürchtet, daß er durch die Fragen als „dumm" angesehen wird. Erstaunt uns dieses Verhalten? Wie viele Erwachsene wagen denn in einer Gesellschaft zuzugeben, daß sie etwas nicht wissen?

Beispiel:
Der Jugendliche möchte von seinen Eltern erfahren, wie sie das Problem der Hausbesetzungen sehen. Entsprechend der oben gemachten Aussage behauptet er nun:

„Die Hausbesetzungen sind die einzige mögliche Antwort auf die Wohnungssituation in Deutschland."

Vater oder Mutter werden jetzt in ruhiger und sachlicher Form ihre Gegenmeinung darlegen – der Jugendliche geht aber auf die rationalen Argumente der Eltern nicht ein, sondern reagiert mit emotionalen Aussagen.

Die Eltern ärgern sich über so wenig Vernunft und werden allmählich bestimmter (oder lauter?) und in der Argumentation unqualifizierter. Zum Schluß kommt dann die Feststellung: „Wenn du zu dumm bist, um das zu verstehen ... ."

Er geht, wendet sich an der Tür noch einmal um und bemerkt: „Mit euch kann man nicht normal reden."

Könnten die Eltern jetzt hören, wie der Jugendliche im Kreis seiner Freunde argumentiert, würden sie ihren Sohn nicht wiedererkennen! Wie beiläufig kommt er auf die Hausbesetzungen zu sprechen und – man höre und staune – argumentiert mit den gleichen Argumenten wie die Eltern am Vormittag.

Auf die erstaunte Frage der Gruppenmitglieder, woher er dies alles wisse, kommt von ihm die lakonische Anwort: „Sowas weiß man."

Wenn auch jeder einzelne Fall anders liegt, so stimmt doch die Tendenz.

Zusammenfassung

- Der Jugendliche beschäftigt sich zunehmend mit seinen eigenen Gedanken.
- Er läßt seinen Gefühlen oft freien Lauf und kann hierbei die Realität verkennen.
- Konkrete Gegebenheiten werden zugunsten eines eigenen Standpunktes vernachlässigt.
- Der Jugendliche baut eine eigene Idealwelt auf.
- Er wendet sich gegen alles Starre und Statische, ermöglicht aber damit der Erwachsenenwelt den nötigen Fortschritt.
- Er hinterfragt die herrschenden Regeln.
- Es fällt dem Jugendlichen schwer zu fragen. Seine Frage ist die Behauptung.

3.4 Auswirkung der körperlichen und psychischen Veränderungen auf das Verhalten

Während in den vorangegangenen Kapiteln mehr die Fakten im Vordergrund standen, sollen nun die Auswirkungen, die sich aus den körperlichen und seelischen Veränderungen auf das Verhalten des Jugendlichen ergeben, aufgezeigt werden.

Typische Verhaltensweisen lassen sich nur erklären vor dem Hintergrund der bisher erläuterten Phänomene der Reifung. Diese Veränderungen finden mit dem Eintritt in die Pubertät in einem Umfang statt, wie sie in ähnlicher Vielfalt und Tragweite nur im ersten Lebensjahr zu beobachten sind. Im Gegensatz zu der Entwicklung im ersten Lebensjahr erlebt der Jugendliche diese Veränderungen bewußt.

Für die Beeinflussung des Verhaltens Jugendlicher ist es wichtig zu wissen, inwieweit
- ererbte Anlagen oder
- gelernte Einstellung und Verhaltensweisen

beeinflußt werden können.

Den Anstoß für diese Veränderungen geben die körperlichen Wachstumsvorgänge. Hat man dies erkannt, so kann man überlegen, durch welche pädagogischen Maßnahmen man auf den Jugendlichen einwirken kann.

3.4.1 Das Verhalten als Aktion und Reaktion

Der Jugendliche zeigt ein, wie bereits erläutert, „alterstypisches" Verhalten. Daraus kann man ihm grundsätzlich keinen Vorwurf machen. Er kann die inneren Vorgänge nicht immer „beherrschen". Auch beim Erwachsenen finden sich derartige Verhaltensweisen, wenn er an einer Krankheit leidet, bei der das hormonelle Gleichgewicht gestört ist[8].

Bei Jugendlichen sind häufig sehr heftige Gefühlsreaktionen festzustellen.

> Es lassen sich vier Reaktionsformen unterscheiden:
> 1. Die Reaktion entspricht in ihrer Heftigkeit nicht dem Anlaß, der sie auslöst.
> 2. Die Aktivität wird völlig eingestellt.
> 3. Die Reaktion ist aggressiv.
> 4. Niedergeschlagenheit, Zweifel an der eigenen Leistung, Unsicherheit sind die Folgen.

All dies sind meist Reaktionen des Jugendlichen auf Verhaltensweisen seiner Umwelt.

Merke:

Das Verhalten des Jugendlichen kann erklärt werden als Reaktion auf eine Aktion seiner Umwelt.

Wenn ein Jugendlicher für den Ausbilder/die Eltern überraschend reagiert, sollten sie sich die Frage stellen:

„Warum verhält sich der Jugendliche so?"

Hierauf gibt es verschiedene Antwortmöglichkeiten:

> 1. Es ist ein für Jugendliche typisches Verhalten.
> 2. Die Ursache des Verhaltens liegt in der Umgebung des Jugendlichen, d.h. der Jugendliche möchte bei seinen Mitmenschen (Mitarbeitern) in einem bestimmten Licht erscheinen.

---

8 Vgl. Kapitel 3.2 Körperliche Veränderungen im Rahmen der Pubertät.

3. Die Ursache für das Verhalten des Jugendlichen liegt bei den Erwachsenen, d.h. es ist eine Folge des Ausbilderverhaltens.
4. Das Verhalten des Jugendlichen kann in Erziehungsschwierigkeiten in der Kindheit liegen.

Die Kenntnis der möglichen Ursachen des Verhaltens ist für den Ausbilder besonders wichtig, weil er nur dann angemessen reagieren kann.

Merke:
Die angemessene Reaktion auf das Verhalten eines anderen Menschen setzt die Kenntnis der Gründe (Motive) voraus, die diesen zu seinem Verhalten veranlassen.

Daß das Verhalten des Heranwachsenden oft nur eine Reaktion auf die Umwelt ist, wird meist nicht erkannt und führt zu Unverständnis und Ratlosigkeit bei der Umwelt.

Beispiel:
Der Ausbilder M ist mit den Leistungen des Auszubildenden A nicht zufrieden. M „bestellt" A zu sich und kritisiert ihn vor den Augen anderer Auszubildender. In den nächsten Wochen ist A häufig krank, und seine Leistungen gehen immer mehr zurück.

Das Miteinander-umgehen und Miteinander-arbeiten setzt sich aus einer Kette von Reaktionen zusammen. Das kann reibungslos funktionieren, solange

die Reaktion in einem angemessenen Verhältnis zur Aktion steht.

Merke:
Sind Aktion und Reaktion ausgewogen, kommt es zu keinem Konflikt.

Bezogen auf das Beispiel: A hätte anders reagiert, wenn M ihn zu sich gerufen und in einem Gespräch unter vier Augen nach den Gründen für den Rückgang seiner Leistungen gefragt hätte.

Merke:

Das Verhalten des Jugendlichen ist weitgehend eine Reaktion auf das Verhalten des Gegenübers.

4. Das Wertesystem des Jugendlichen[1]

Das „*Wertesystem des Jugendlichen*", d. h. sein „Innenleben", besteht aus
- den vier Grundwerten des menschlichen Zusammenlebens,
- den vier Persönlichkeitsmerkmalen und
- den drei Grundvorgängen

Das Wertesystem des Jugendlichen

↓	↓	↓
4.1	4.2	4.3
Die vier Grundwerte des menschlichen Zusammenlebens	Persönlichkeitsmerkmale	Seelische Grundvorgänge
4.1.1 Selbstbestimmung	4.2.1 Selbständigkeit	4.3.1 Wahrnehmungslernen
4.1.2 Achtung der Person	4.2.2 Teamfähigkeit	4.3.2 Selbstkonzept und Selbstwertgefühl
4.1.3 Förderung der seelischen und körperlichen Leistungsfähigkeit	4.2.3 Reversibles Handeln	4.3.3 Offensein für das eigene Erleben
4.1.4 Soziale Ordnung	4.2.4 Selbstsicherheit und Selbstvertrauen	

4.1 Die vier Grundwerte des menschlichen Zusammenlebens[2]

4.1.1 Der erste Grundwert: Selbstbestimmung

Wir alle wollen unser Leben nach unseren eigenen Vorstellungen planen und gestalten. Gerade junge Menschen auf dem Weg ins Erwachsenenalter streben nach *Eigenständigkeit* und *Unabhängigkeit*; sie wollen ein weitgehend selbstbestimmtes Leben führen.

---

1 Vgl. Crisand, Band 25 der Arbeitshefte Führungspsychologie.
2 Vgl. *Tausch, R.*: Erziehungspsychologie, nach *Crisand* Band 25 der Arbeitshefte Führungspsychologie.

Dies bedeutet aber nicht, daß der Jugendliche, der nach seinen Vorstellungen lebt, einfach tun und lassen kann, was er möchte, denn auch für ihn gelten die drei Grundwerte

- Achtung der Person,
- seelische und körperliche Leistungsfähigkeit,
- soziale Ordnung,

welche die Selbstbestimmung grundsätzlich einschränken.

Der Erwachsene sollte den Jugendlichen jedoch nicht unnötig überwachen, sondern sein natürliches Selbständigkeitsstreben unterstützen, indem er unnötige Verhaltensbeschränkungen vermeidet und ihm die Möglichkeit gibt, sich frei zu äußern. So entsteht eine kooperative Zusammenarbeit, die es dem Jugendlichen erleichtert, selbständig und unabhängig zu sein, ohne mit seiner Umwelt in Konflikt zu geraten.

4.1.2 Der zweite Grundwert: Achtung der Person

Wenn Menschen miteinander in Kontakt treten, zusammenarbeiten und zwischenmenschliche Beziehungen haben, dann sollten sie sich ihren Mitmenschen gegenüber immer so verhalten, daß diese seelisch und körperlich keinen Schaden erleiden. Der Erwachsene sollte den Jugendlichen stets *gleichberechtigt* behandeln, ihn *akzeptieren* und *Rücksicht* nehmen.

Junge Menschen spüren, wenn zwischen ihnen und den Erwachsenen Unterschiede gemacht werden.

Jugendliche sind besonders *feinfühlig*, aber noch *unsicher* und sind gerade in diesem Lebensabschnitt sehr stark mit ihrem äußeren Erscheinungsbild und ihren körperlichen und geistigen Fähigkeiten beschäftigt.

Für junge Menschen spielt ihre *Attraktivität* eine große Rolle, und sie vergleichen sich mit den Gleichaltrigen.

4.1.3 Der dritte Grundwert: Förderung der seelischen und körperlichen Leistungsfähigkeit

Jeder von uns – also auch der Jugendliche – muß sich seelisch und körperlich akzeptieren, um zufrieden zu sein und mit seiner Umwelt zurechtzukommen.

Dazu brauchen wir bestimmte Fähigkeiten wie:

- *ein günstiges Selbstkonzept und Selbstwertgefühl*
  Der Jugendliche sollte in der Lage sein, ein positives Bild von sich zu entwickeln. Er sollte „sich mögen".

- *Offensein für das eigene Erleben*
  Der Jugendliche steht seinem Erleben offen gegenüber, wenn er sich mit seinen Gefühlen, Erinnerungen, Erfahrungen und Vorstellungen auseinandersetzen kann. Diese *Offenheit* sollte der Erwachsene fördern, denn damit trägt er *positiv* zur persönlichen Entwicklung des Jugendlichen sowie dessen selbstbestimmtem, verantwortungsbewußten Handeln bei.

- *Beziehungsfähigkeit*
  Der Erwachsene sollte die Fähigkeit des Jugendlichen fördern, Beziehungen zu anderen Menschen zu suchen und zu leben. Während seiner Ausbildungszeit wird der Jugendliche mit der Persönlichkeit seines Ausbilders konfrontiert und erhält dadurch zwangsläufig eine *pädagogische Prägung*, die auch sein jetziges und späteres Verhalten gegenüber seinen Mitmenschen beeinflußt.

- *Berufliche/fachliche Kompetenz*
  Der Ausbilder sollte dem Jugendlichen neben den fachlichen Qualifikationen auch Verhaltenswissen vorleben, die der junge Mensch in seinem späteren Berufsleben gebrauchen kann. Er sollte dem Jugendlichen nicht nur Faktenwissen, sondern auch menschliche Werte nahebringen.

Generell lassen sich *drei Kompetenzen* unterscheiden, die beim Auszubildenden gefördert werden sollten:

− *Fachkompetenz*
  Die Fachkompetenz beinhaltet alle berufsspezifischen Qualifikationen, Fertigkeiten und Kenntnisse, also das, was der Jugendliche haben und können sollte, um seinen Beruf ausüben zu können[3].

− *Sozialkompetenz*
  Die Sozialkompetenz umfaßt die Gesamtheit aller Qualifikationen, Kenntnisse und Fertigkeiten, die der Jugendliche braucht, um mit anderen Menschen zusammenarbeiten und -leben zu können. Hierzu gehören beispielsweise Kommunikationsfähigkeit, Kenntnisse über soziale Beziehungen, Einstellungen und Toleranz.

− *Methodenkompetenz*
  Zur Methodenkompetenz gehören alle Qualifikationen, Kenntnisse und Fertigkeiten, die den jungen Menschen befähigen sollen, sich die Informationen zu beschaffen, die er benötigt. Dazu gehören z. B. Lerntechniken und das Wissen um Informationszentren.

---

3 Vgl. *Butsch, W./Gairing, F./Peterßen, W./Riedl, A.*: Ausbildung im Wandel, Konsequenzen für Selbstverständnis und Aufgabe des Ausbilders. Weinheim, 1991, S. 41.

Diese sollten dem Jugendlichen gleichzeitig vermittelt werden, damit er bei Problemen auf sie zurückgreifen kann[4].

4.1.4 Der vierte Grundwert: Soziale Ordnung

Wo Menschen in einer Gemeinschaft leben oder aufeinandertreffen, sorgt die soziale Ordnung für ein *harmonisches Miteinander.* Sie gewährleistet die drei zuvor genannten Grundwerte, verhindert Mißbrauch und Gewalt und ermöglicht die Durchführung sozialer Aufgaben.

Der Erwachsene sollte dem Jugendlichen vermitteln, daß Umwelt, Person und Verhalten in einer Wechselbeziehung zueinander stehen und sich gegenseitig beeinflussen[5].

Die Aufgaben der sozialen Ordnung

Harmonie im Umgang miteinander

Verhinderung von Mißbrauch und Gewalt 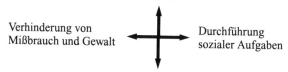 Durchführung sozialer Aufgaben

Gewährleistung der drei Grundwerte:
- Selbstbestimmung
- Achtung der Person
- Seelische und körperliche Leistungsfähigkeit

Merke:

Der Ausbilder sollte diese vier Grundwerte immer als gleichwertig ansehen, denn nur wenn diese vier Grundwerte gleichzeitig gelebt werden, fördern sie das Zusammenleben in einer demokratischen Ordnung[6].

---

4 Vgl. *Butsch, W.*: Ausbilder im Wandel, a.a.O., S. 41.
5 Vgl. *Trautner, Hanns Martin*: Lehrbuch der Entwicklungspsychologie, Band 2: Theorien und Befunde. Göttingen, 1991, S. 140.
6 Vgl. *Tausch, R.*: Erziehungspsychologie, a.a.O., S. 25.

4.2 Vom Ausbilder zu fördernde Persönlichkeitsmerkmale

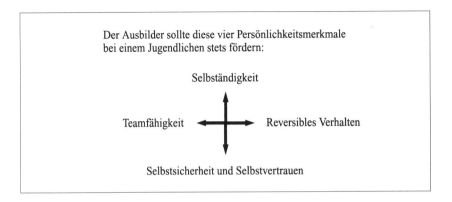

4.2.1 Selbständigkeit

Der Erwachsene sollte die Bildung der Persönlichkeit des Jugendlichen fördern, indem er ihn ermutigt, *selbständig zu handeln* und *Verantwortung zu übernehmen.*

Der Jugendliche muß lernen, mit unterschiedlichen Problemen umzugehen. Er sollte genau wissen, wann er selbständig handeln kann und wann er Hilfe benötigt, um mit wechselnden Situationen *flexibel* und *lernbereit* umzugehen[7].

In der Ausbildung wird dies erreicht durch:

- selbstgesteuertes Lernen,
- Freiräume für eigene Lösungswege,
- eine komplexe Aufgabenstellung,
- Anknüpfung an konkrete Probleme aus der Praxis,
- Zusammenarbeit in verschiedenen Gruppen.

4.2.2 Teamfähigkeit

Um *teamfähig* zu sein, also mit anderen problemlos zusammenarbeiten zu können, braucht der Jugendliche „*soziale Kompetenz*", damit er *verantwortungsbewußt* und *kooperativ* mit anderen Menschen umgehen kann.

---

7 Vgl. *Brater, M./Büchele, U./Fucke, E./Herz, G.*: Berufsbildung und Persönlichkeitsentwicklung. Stuttgart, 1988, S. 71.

4.2.3 Reversibles Handeln

Bei der Zusammenarbeit mit Jugendlichen sollte sich der Erwachsene *sozial reversibel* (umkehrbar) verhalten, d. h., er sollte sich seinen Mitmenschen gegenüber stets fair verhalten und Interesse an ihren Problemen haben. Dadurch entsteht eine partnerschaftliche Atmosphäre, in der sich auch der Jugendliche wohlfühlt.

Verhält sich der Erwachsene dem Jugendlichen gegenüber sozial reversibel, dann sagt er beispielsweise:

- „Wenn du Probleme hast, kannst du ruhig zu mir kommen, ich werde dir schon helfen."
- „Möchtest du mich noch etwas fragen?"

Ein reversibles Verhalten kann auch *nonverbal* abgegeben werden, beispielsweise durch *Gesichtsausdruck* (aufmunterndes Zulächeln) oder *Körperhaltung* (der Erwachsene wendet sich dem Jugendlichen zu, wenn er mit ihm spricht).

Grundsätzlich hat der Erwachsene zwei Möglichkeiten, dem Jugendlichen eine Information zu übermitteln:

- mit einer *Sie-Botschaft*: „Du kannst nicht mal fehlerfrei tippen!"
  „Du bist wirklich ungeschickt!"
- mit einer *Ich-Botschaft*: „Ich denke, wenn du noch etwas übst, schreibst du bald fehlerfrei".
  „Ich bin beruhigter, wenn du diese Schraube noch etwas fester anziehst!"

„*Sie-Botschaften*" können verletzend wirken und erzeugen Schuldgefühle mit negativen Folgen für das Selbstwertgefühl. Deshalb sollten in einem Gespräch überwiegend „*Ich-Botschaften*" verwendet werden.

4.2.4 Selbstsicherheit und Selbstvertrauen

Der junge Mensch ist oftmals unsicher und weiß nicht, wie er sich verhalten soll, besonders in neuen Situationen, in denen er lernen muß, sich zurechtzufinden.

Der Erwachsene sollte immer daran denken, daß es für einen Jugendlichen besonders wichtig ist, *Selbstvertrauen* und *Selbstsicherheit* zu gewinnen, denn diese beiden Persönlichkeitsmerkmale machen es ihm möglich, an sich selbst zu glauben und Anforderungen selbständig zu bewältigen.

Gerade wenn ein Erwachsener einen Jugendlichen kritisiert, sollte er die Kritik auch begründen und den Jugendlichen nicht persönlich angreifen.

Wenn der Jugendliche einen schwerwiegenden Fehler begangen hat, ist es wichtig, daß der Erwachsene bei seiner Kritik sachlich bleibt und gleichzeitig versucht, den jungen Menschen weiterhin zu motivieren.

4.3 Seelische Grundvorgänge

Seelische Grundvorgänge sind das, was sich in unserem Inneren abspielt. Zu den wichtigsten seelischen Grundvorgängen gehören:
- Wahrnehmungslernen,
- Selbstkonzept und Selbstwertgefühl,
- Offensein für das eigene Erleben.

Diese seelischen Grundvorgänge können bei einem Jugendlichen durch regelmäßig wiederkehrende, gefühlsmäßige Erfahrungen positiv oder negativ beeinflußt werden. Demnach sollte man sich dem jungen Menschen gegenüber rücksichtsvoll, offen und verständnisvoll verhalten.

4.3.1 Wahrnehmungslernen (Lernen am Modell)

Der Erwachsene sollte sich bewußt sein, daß sein Verhalten den Jugendlichen beeinflußt. Der Jugendliche übernimmt das Verhalten des Erwachsenen, man kann auch sagen: *er lernt am Modell.*

Das *Lernen am Modell* findet ohne Anweisung statt, ist kein bewußtes Nachahmen eines Vorbildes, wirkt sich jedoch auf das spätere Verhalten und Erleben des jungen Menschen aus, es beeinflußt also seine Persönlichkeitsentwicklung[8].

Lernt demnach ein Jugendlicher am Modell, dann lernt er neue Verhaltensweisen; bereits vorhandene Verhaltensweisen werden verstärkt oder vermindert oder eine von ihm abgelegte Verhaltensweise wird wieder aufgenommen.

Der Jugendliche neigt dazu, das Verhalten der Erwachsenen zu übernehmen, da diese ihm sozial höhergestellt und kompetent erscheinen. Daher sollte der Erwachsene dem Jugendlichen gegenüber negative Verhaltensweisen vermeiden.

Es gibt vier Verhaltensweisen, die durch das Lernen am Modell gezielt gefördert oder vermindert werden können.

---

8 Vgl. *Heineken, Edgar/Habermann, Thomas*: Lernpsychologie für den beruflichen Alltag, 3. Auflage. Heidelberg, 1994, S. 51.

(1) *Freundliches, soziales Verhalten*

Verhält sich der Erwachsene dem Jugendlichen gegenüber freundlich und zuvorkommend und behandelt er ihn wie einen echten Partner, dann übernimmt der Jugendliche diese Verhaltensweise in sein Verhaltensrepertoir. Er verhält sich dann anderen gegenüber ebenfalls freundlich und zuvorkommend.

Beispiel:
Der Ausbilder spricht in höflichem und freundschaftlichem Ton mit dem Jugendlichen und kritisiert den jungen Menschen so, daß dieser nicht verletzt wird.

(2) *Aggressives Verhalten*

Der Erwachsene sollte ein aggressives und rücksichtsloses Verhalten dem Jugendlichen gegenüber vermeiden, da eine solche Verhaltensweise bei ihm aggressive Reaktionen hervorrufen kann. Aber damit allein ist es nicht getan. Erwachsene sollten sich auch untereinander nicht aggressiv verhalten, da sonst der Jugendliche ein solches Verhalten „vorgelebt" bekommt.

Beispiel:
Der Ausbilder kritisiert seine Gesprächspartner und greift sie dabei persönlich an oder zwei Ausbilder gehen aggressiv miteinander um.

(3) *Gefühlsmäßige Reaktionen*

Erwartet der Erwachsene vom Jugendlichen Achtung, Wärme, Anteilnahme, Verständnis und Offenheit, dann sollte er ihm stets ein Vorbild sein und diese Verhaltensweisen auch selbst vorleben. Nur so kann der junge Mensch durch Wahrnehmung lernen.

Beispiel:
Der Ausbilder ist in der Lage, auf die Probleme des Jugendlichen so einzugehen, daß dieser sich ihm gern anvertraut.

(4) *Denken, Urteilen und Werten*

Der Erwachsene nimmt Einfluß auf das Denken, Urteilen und Werten des Jugendlichen. Urteilt der Erwachsene über einen bestimmten Sachverhalt oder über eine Person im Beisein des Jugendlichen positiv oder negativ, dann nimmt der Jugendliche dieses Verhalten wahr. Je öfter der junge Mensch damit konfrontiert wird, wie der Erwachsene über Dinge denkt und urteilt, um so stärker übernimmt er diese Verhaltensweisen.

Beispiel:
Im Beisein des Auszubildenden spricht der Ausbilder wiederholt negativ über die Ausländersituation in Deutschland.

Merke:

Der Erwachsene sollte immer bedenken, daß er für den Jugendlichen ein Vorbild darstellt und daß der junge Mensch durch seine Wahrnehmung lernt. Daher sollten Verhaltensweisen, die sich negativ auf die Persönlichkeitsentwicklung des Jugendlichen auswirken können, vom Erwachsenen vermieden werden.

4.3.2 Selbstkonzept und Selbstwertgefühl

(1) *Selbstkonzept*

Auf dem Weg ins Erwachsenenalter beschäftigt sich der Jugendliche intensiv mit sich selbst. Tagtäglich macht er Erfahrungen, die ihn selbst oder andere betreffen. Der junge Mensch möchte wissen, was in seinem „Inneren" vor sich geht, er stellt sich die Frage:

- „Wie bin ich?"

Er bildet sich sozusagen sein Selbstkonzept.

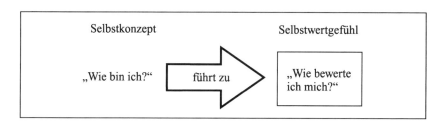

Der junge Mensch ist permanent auf der Suche nach seiner Identität. Diese setzt sich aus mindestens zwei Komponenten zusammen:
- der *persönlichen Identität*, also dem, wofür sich der Jugendliche selbst hält,
- der *sozialen Identität*, die aus dem Bild entsteht, das sich die Umwelt von dem Jugendlichen macht.

Der Jugendliche weiß zwar genau, wie er gern sein möchte, erfährt aber gleichzeitig, wie ihn seine Mitmenschen sehen und welche Erwartungen sie in ihn setzen, d.h., er erfährt seine „soziale Identität".

(2) *Das Selbstwertgefühl*

Für den Jugendlichen ist das Selbstwertgefühl von enormer Wichtigkeit, es ist sozusagen seine „*Ich-Stärke*".

Das Selbstwertgefühl bildet sich bereits in der frühen Kindheit. Hat ein Jugendlicher während seiner Kindheit mehr Wertschätzung, Anerkennung und Zuneigung als Ablehnung und Desinteresse erfahren, dann ist sein Selbstwertgefühl stärker ausgeprägt. Später wird das Selbstwertgefühl auch von den Erfahrungen und Erlebnissen beeinflußt, die er als Jugendlicher erlebt. Zur Stärkung seines Selbstwertgefühls benötigt er ein positives Feedback seines Umfeldes, die wohlwollende Kommunikation und die Zuwendung anderer. Ein ablehnendes Verhalten dem Jugendlichen gegenüber wird dagegen dessen Selbstwertgefühl negativ beeinflussen.

Besitzt der Jugendliche ein *ausgeprägtes Selbstwertgefühl*, dann fühlt er sich in der Regel *wohl* und ist entsprechend *sicher* in seinem Auftreten. Wird er kritisiert, kann er mit dieser Kritik umgehen und diese besser verarbeiten.

Einem jungen Menschen mit einem *schwachen* Selbstwertgefühl gegenüber sollte man sich besonders einfühlsam verhalten, weil er *wenig selbstsicher* und *leicht verletzbar* ist.

Das Selbstwertgefühl des Jugendlichen wird von sieben Haupteinflußfaktoren geprägt (vgl. Band 1 der Reihe).

- *Optimale Übereinstimmung von Ich und Ideal-Ich*

Zwischen dem *Ich* des Jugendlichen (*wie er wirklich ist*) und dem *Ideal-Ich* (*wie er sein sollte*) sollte kein zu großer Unterschied bestehen, da sonst sein Selbstwertgefühl leidet und dies Unzufriedenheit und Unsicherheit mit sich bringt.

Setzt der Ausbilder beispielsweise zu große Erwartungen in den Auszubildenden, die dieser aufgrund seiner Veranlagung nicht erfüllen kann, dann leidet sein Selbstwertgefühl, und seine Persönlichkeitsentwicklung wird entsprechend *negativ* beeinflußt.

- *Übereinstimmung mit dem Gewissen*

Der Jugendliche sollte sein Handeln und Verhalten mit seinem Gewissen vereinbaren können. Entsprechend dem Instanzenmodell sind dies die Normen in seinem Über-Ich (Vgl. Band 1 dieser Reihe).

Hat der Jugendliche ein schlechtes Gewissen, weil er glaubt, sich nicht den Normen entsprechend verhalten zu haben, wird sein Selbstwertgefühl geschwächt, und er wird unsicher.

Der Ausbilder sollte demnach bei einem Fehlverhalten für den Jugendlichen ein verständnisvoller Gesprächspartner sein.

- *Wertschätzung durch die Mitmenschen*

Der Jugendliche braucht die *Wertschätzung* anderer. Er muß spüren, daß er seinem Umfeld als Mensch wichtig ist, daß man ihn mag und achtet.

Der Ausbilder sollte dem Jugendlichen also das Gefühl vermitteln, daß er ihn nicht nur als Auszubildenden und Arbeitskraft im Betrieb sieht, sondern ihn als Mensch *achtet* und sich entsprechend für sein Wohlbefinden und für seine Gefühle interessiert.

- *Erfolgserlebnisse*

Gerade für junge Menschen, die sich ihrer selbst und ihres Verhaltens oft unsicher sind, ist es wichtig, *Erfolgserlebnisse* zu haben.

Der Ausbilder sollte daher den Jugendlichen für eine gelungene Arbeit entsprechend loben, denn auf diese Weise *stärkt* er das Selbstwertgefühl des jungen Menschen und wirkt positiv auf seine Persönlichkeitsbildung ein.

- *Angepaßte Aggressivität*

Jeder Mensch muß lernen, mit seiner Energie umzugehen. Da gerade junge Menschen im Wachstum oftmals nicht in der Lage sind, ihr Verhalten zu *kontrollieren*, können sie nicht immer mit ihrer *Aggressivität* umgehen.

Es ist deshalb besonders wichtig, daß der Ausbilder ein verständnisvoller Gesprächspartner ist, der hilft, das entsprechende Normengefüge aufzubauen.

- *Erotisch-sexuelle Befriedigung*

Die *seelischen* und *körperlichen* Liebesbeziehungen zwischen zwei Menschen müssen befriedigt werden, denn erst dann ist das Selbstwertgefühl *ausgeglichen* und *stabil*. Macht der Jugendliche beispielsweise negative Erfahrungen in einer Partnerschaft, dann leidet sein Selbstwertgefühl.

- *Gesundheit*

Die *Gesundheit* spielt eine wichtige Rolle für unser Selbstwertgefühl. Geht es einem jungen Menschen körperlich gut, dann vermag er mehr zu *leisten*, und sein Selbstwertgefühl wird *gestärkt*.

Doch nicht allein diese Einflußfaktoren sind entscheidend für das Selbstwertgefühl des Jugendlichen. Es kommt zudem in hohem Maße darauf an, ob der Jugendliche an seine Fähigkeiten glaubt und demnach einen Erfolg sich selbst zuschreibt (*internale Zuschreibung*) oder ob er an sich zweifelt und seinen Erfolg als Zufall ansieht *(externale Zuschreibung).*

5. Besondere Problembereiche des Jugendlichen

Bisher wurde auf die körperliche und seelische Reifeentwicklung und deren Auswirkungen auf das Verhalten eingegangen. Dies allein genügt jedoch nicht zum Verständnis und zum richtigen Umgang mit dem Jugendlichen. Daher werden nachfolgend spezielle Punkte angesprochen, die für das Verständnis des Heranwachsenden wichtig sind.

5.1 Leistungsprobleme während der Reifezeit

Während der Reifezeit läßt sich häufig ein *Rückgang der Leistungsbereitschaft* erkennen. Dies zeigt sich sowohl im beruflichen als auch im schulischen Bereich.

Unklar ist, ob es sich hierbei um

- eine generelle, bei allen Jugendlichen anzutreffende Erscheinung handelt oder
- derartige Probleme nur verallgemeinert werden.

Eine mögliche Erklärung für dieses Phänomen wäre die Nichtanpassung des Betriebes oder der Schule an die veränderte Situation des Jugendlichen. Meist werden Situationen, in denen „Leistung" vom Jugendlichen verlangt wird, von ihm nicht als eine Vorbereitung auf die „Ernstsituation" gesehen, sondern nur als lästige Pflicht. Er möchte sich mit diesen Dingen auch nicht auseinandersetzen, da er mit seiner inneren Gefühlswelt stark belastet ist.

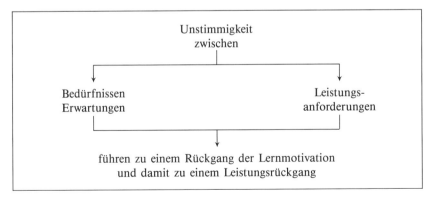

Hinzu kommt, daß die Ungeschicklichkeit das Erlernen manueller Fähigkeiten behindert und das schnelle Wachstum von Muskulatur und Skelett die körperliche Leistungsfähigkeit beeinträchtigt. Auch die Einstellung und die Fähigkeit zur Leistung wird durch die unausgewogene seelische Situation negativ beeinflußt.

Darüber hinaus gibt es für den Jugendlichen interessantere Beschäftigungen und Gedanken als das in der Schule und im Betrieb Verlangte.

Im Laufe der Entwicklung des Jugendlichen ist das Wachstum der Leistungsfähigkeit unterschiedlich. So ist die Leistungssteigerung zu Beginn des Wachstums am größten, wobei der Entwicklungsunterschied zwischen Gleichaltrigen unter Umständen 3 bis 5 Jahre betragen kann.

Übertragen auf den Betrieb und die Ausbildungsgruppe bedeutet dies, daß zwischen Lebensalter und Entwicklungsalter zu unterscheiden ist. D. h. der Lehrling im 2. Lehrjahr, der entwicklungsmäßig weiter ist als sein Kollege, wird entsprechend bessere Leistungen erbringen.

Das gleiche zeigt sich, wenn in einer Gruppe — was häufig vorkommt — die Lehrlinge verschieden alt sind. So können ein 18jähriger und ein 20jähriger beide im 2. Lehrjahr sein; bei gleicher Intelligenz können sie dann — aufgrund ihres Altersunterschiedes — verschiedene Leistungen erbringen.

Da dies häufig als Ergebnis einer höheren Intelligenz gedeutet wird, besteht die Gefahr, daß der Jüngere als „dümmer" eingestuft wird, schlechtere Noten von ihm erwartet werden und er sich dann auch darauf einrichtet.

In diesem Zusammenhang sollte noch folgendes erwähnt werden:

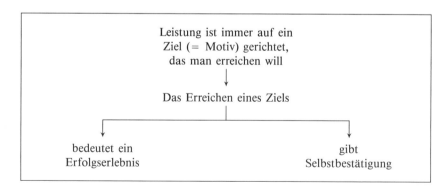

Wichtig ist es also, mit dem Jugendlichen Ziele zu vereinbaren, um ihn hierdurch zu motivieren. Denn:

Merke:
Motivation fördert das Leistungsverhalten.

Oft ist der Jugendliche aufgrund anderer Interessen und fehlender Zielvorstellungen nicht motiviert, sich mit schulischem und beruflichem Lernstoff auseinanderzusetzen.

Ursachen für den Leistungsrückgang liegen oft in einer emotionalen Distanzierung von der Schule und vom Beruf.

5.2 Der Generationenkonflikt

Wie bereits erwähnt, löst sich der Jugendliche in der Phase der Adoleszenz zunehmend vom Elternhaus und muß seinen eigenen Platz im Berufs- und Gesellschaftsleben finden[1]. Dies geschieht nicht ohne Schwierigkeiten und Belastungen für die Beteiligten.

Am stärksten belastet ist derjenige, von dem die Umwelt glaubt, daß es ihm überhaupt nichts ausmache: der Jugendliche. Er lebt in permanenter Spannung zwischen den Normen der Eltern und denen seiner Gruppe. In aller Regel ist er den Eltern und ihrer Meinung mehr verbunden, als dies sein Verhalten zeigt. Er sehnt sich danach, in Harmonie mit ihnen zu leben und braucht ihre Liebe und Zuneigung. Da die Eltern dies aber vom Wohlverhalten abhängig machen, gibt es für den Jugendlichen nur ein Entweder/Oder. Meist entscheidet er sich für seine Gruppe, d. h. er „geht aus dem Nest". Dies ist richtig so. Denn die Eltern würden das Weggehen von sich aus nicht veranlassen. Wir Menschen kennen das im Tierreich bekannte „Aus-dem-Nest-werfen" nicht, um das Kind zur Selbständigkeit zu zwingen, sondern die Eltern binden die Kinder gern an sich. Die Heranwachsenden brauchen aber zu ihrer Selbststärkung die Gruppe: Dort sind sie geachtet, dort braucht man sie, und ihre Meinung gilt etwas, anders als im Elternhaus.

Wie sollen sich Eltern aber verhalten?

Sie sollten verständnisvolle Gesprächspartner sein, die zuhören können, andere Ansichten abwägend vorbringen, eigene Meinungen darlegen, ohne sie

---

1 Vgl. Kapitel 3.3.4.

aufzuzwingen. Durch dieses Verhalten würden Eltern den Jugendlichen Sicherheit geben und damit auch das so wichtige Selbstwertgefühl stärken.

Eines der Hauptprobleme für den Jugendlichen ist, unabhängig zu werden und dabei sein Identitätsbewußtsein zu behalten.

Das Streben nach Selbständigkeit und die fortschreitende Ablösung von der elterlichen Bindung sind Ausdruck eines veränderten Rollenbildes und einer Statussuche.

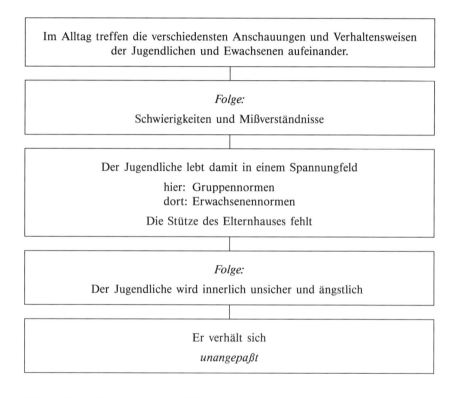

Dieser Prozeß setzt schon im Kindesalter ein, wenn sich das Kind mehr und mehr aus der Abhängigkeit von den Bezugspersonen zu lösen versucht und eigene Erfahrungen machen möchte. In der Reifezeit des Jugendlichen erfährt dieser Prozeß lediglich eine Beschleunigung.

Die Eltern begegnen diesem neuen Streben ihrer Tochter oder ihres Sohnes meist mit wenig Verständnis und unter Umständen mit massivem Druck. Den Erwachsenen ist die Krititk des Jugendlichen i. d. R. unbequem.

Merke:
Es wäre aber falsch,
— das Gespräch abzubrechen,
— die Kritik zu unterdrücken.
Sonst besteht die Gefahr, daß der Jugendliche das gesamte Gedankengut der Erwachsenen ablehnt.

Der Jugendliche hat es ohnehin schwer mit den Anforderungen der Erwachsenen: Er erkennt, daß die von den Erwachsenen für sich in Anspruch genommenen „moralischen Grundsätze" nicht oder nur teilweise eingehalten werden.

Oft entzünden sich Streitgespräche zwischen Erwachsenen und Jugendlichen auch an zweitrangigen Problemen: z. B. der Frage der Kleidung. Dies ist besonders deshalb so schade, weil es doch wirklich wichtigere Dinge gibt als die Frage, ob der Jugendliche sich grün oder schwarz kleidet, kurze oder lange Haare trägt etc. Das Gefährliche dabei ist, daß solch unwichtige Differenzen sich ausbreiten und das gesamte Klima vergiften, so daß, wenn einmal wirkliche Probleme auftreten, das Vertrauensverhältnis gestört ist.

Oft höre ich von den Eltern: „Warum müssen wir immer nachgeben, wenn es um unwesentliche Fragen geht, warum nicht die Jugendlichen?" Hier gibt es nur eine Antwort: Weil die Jugendlichen nicht nachgeben *können*.

Ein Beispiel möge dies verdeutlichen:
Ein Ausbilder besucht die Familie seines Bruders. Seine Schwägerin öffnet ganz aufgeregt und bittet ihren Schwager schnell ins Wohnzimmer: Vater und Sohn hätten eine Auseinandersetzung.

Der Ausbilder trennt die beiden Streithähne und schickt jeden in ein anderes Zimmer, um die Situation erst einmal zu entschärfen. Dann hört er von seinem Neffen, wie der Streit begonnen hat. Der Vater habe von ihm verlangt, die Haare schneiden zu lassen, und daraus habe sich der Streit entwickelt. Auf die Frage des Onkels, warum er nicht nachgegeben habe, anwortete der Neffe: „Ich hätte mich ja nicht mehr in der Schule sehen lassen können."

Dies ist ein wichtiger Grund. Abgesehen davon, daß der Jugendliche in einer Auseinandersetzung Standfestigkeit und Rückgrat, Willen und Durchsetzungsvermögen beweisen will, spielt die Norm der Freunde eine große Rolle.

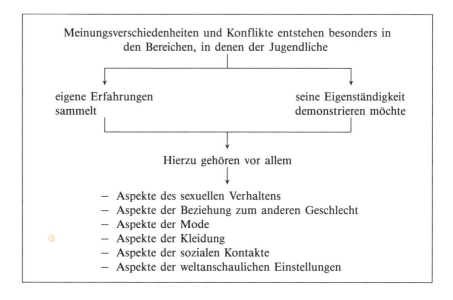

Wir Erwachsene sollten daran denken, daß wir häufig von den Jugendlichen Dinge verlangen, die wir selbst nicht bereit sind zu erbringen: Wenn Mütter in der „Jeans-Uniform-Zeit" von ihren Heranwachsenden verlangt hätten, in einer Flanellhose in die Schule zu gehen, dann wäre dies das gleiche gewesen, als wenn der Vater im Frack ins Büro gegangen wäre.

Die Jugendlichen beginnen, ihre Beziehungen zu den Eltern und anderen Erwachsenen neu zu regeln. Dabei lehnen sie sich zunächst gegen die Eltern auf und versuchen, sich aus der Abhängigkeit von ihnen zu befreien. Die Schwierigkeiten mit den Eltern können auf die Ausbildungssituation übertragen werden. Hier nimmt der Ausbilder die Position der Eltern ein.

Beispiel:
Ein lebhafter, aufgeweckter und intelligenter Jugendlicher lernt im 2. Ausbildungsjahr Mechaniker. Sein Äußeres und sein Auftreten sind betont jugendlich und modern. Wenn er von seinem Ausbilder – einem erfahrenen Meister von 50 Jahren – Anweisungen im Rahmen der Ausbildung erhält, akzeptiert er zwar den Auftrag nach außen, fängt dann aber an, hartnäckig zu fragen, etwa in der Art: „Warum soll ich das so tun? Warum kann ich es nicht anders machen, so wie ich es mir denke?"

Trotz des Bemühens seines Meisters (lange Aussprachen) verhärten sich die Fronten. Der Auszubildende meint, er solle in ein Korsett gezwängt werden. Nach Ansicht des Meisters hat er jedoch während der Ausbildung häufig die erforderliche Disziplin fehlen lassen und die Spielregeln verletzt. Der Meister hat den Eindruck, als ginge es dem Auszubildenden letzten Endes darum, über den Meister zu triumphieren. Sein Verhalten wirkt sich auf die anderen Auszubildenden und das Klima in der Werkstatt negativ aus.

Hier handelt es sich um einen typischen *Generationenkonflikt.* Der Meister fühlt sich durch das ihm ungewohnte Verhalten des Auszubildenden verunsichert. Er versucht, durch Bestehen auf strikter Befolgung seiner Anweisung seine Autorität zu sichern. Er fühlt sich der Auseinandersetzung mit dem gewandten Jugendlichen nicht voll gewachsen und verlangt die genaue Einhaltung seiner Anweisung (was den Auszubildenden natürlich noch mehr gegen ihn aufbringt).

Dies glaubt der Meister seinem Selbstwert schuldig zu sein. „Ich lasse mir doch nicht auf dem Kopf herumtrampeln!" Solche Aussagen deuten oftmals darauf hin, daß der Vorgesetzte eigene Selbstwertprobleme hat.

Den Einstellungen der Erwachsenen, die oft durch zurückliegende Ereignisse bedingt werden, stehen diejenigen der heranwachsenden Generation gegenüber, die ihre eigenen Erfahrungen sammeln und nicht ohne weiteres die der Erwachsenen übernehmen will.

> Richtig verstandene Erziehung erschöpft sich nicht in der bloßen Weitergabe von Traditionen von der älteren auf die jüngere Generation[2].

Ob es dabei zu Konflikten kommt oder ob sich die Entwicklung in vergleichsweise unproblematischer Weise vollzieht, hängt von der erzieherischen Grundhaltung der Eltern/Ausbilder ab.

> **Merke:**
>
> Je größer das Ausmaß an Verständnis für die Situation des Jugendlichen ist, um so eher wird es den Eltern möglich sein, bisherige Bindungen in entsprechend gewandelter Form aufrechtzuerhalten.

Auf eine Gefahr sei hier hingewiesen:

Ein Übermaß an gewährter Unabhängigkeit wirkt sich ebenso negativ auf die Entwicklung des Jugendlichen aus wie ein abhängigkeitsförderndes, überbehütendes Erziehungsverhalten.

---

2 Vgl. „Briefe zur Führungspsychologie", Jan./Febr. 1988.

Heranwachsende lehnen jedoch keinesfalls jegliche erzieherischen Maßnahmen ab. Die Mehrheit der Jugendlichen nimmt sich in ihrem Verhalten und ihren Perspektiven die Erwachsenen zum Vorbild, d. h. im allgemeinen werden die Ratschläge und Meinungen der Erwachsenen gehört, überdacht und zum Großteil akzeptiert. Das gleiche gilt für die Sitten und Gebräuche unserer Gesellschaft, ihre Tradition, aber auch für Kirche und Religion[3].

All diesen Dingen steht die Mehrheit der Jugendlichen positiv gegenüber und versucht − sofern die Argumente der Erwachsenen sachlich begründet sind −, diesen Forderungen gerecht zu werden und entsprechend zu leben.

Angemessen ist eine Haltung, die Verständnis für

− die besondere Situation des Jugendlichen sowie für
− seine Wünsche und Möglichkeiten

aufbringt.

Das Vertrauen des Jugendlichen zu seinen Eltern ist dann besonders groß, wenn sie
− selbständiges Handeln und eigene Entscheidungen fördern,
− die Freiheitsräume des Jugendlichen respektieren,
− eine positive, akzeptierende, emotionale Beziehung zu ihm haben.

Zusammenfassung

− Der Generationenkonflikt beruht auf unterschiedlichen Standpunkten der älteren und der jüngeren Generation.
− Hauptgrund ist ein Nichtakzeptieren der beiderseitigen Standpunkte.
− Durch Verständnis für die Meinung des Jugendlichen läßt sich dieser Konflikt vermeiden bzw. zumindest reduzieren.

5.3 Sexuelles Verhalten und die Beziehung zum anderen Geschlecht

Gefühle der Sexualität treten im Jungendalter nicht unvermittelt auf. Nach *Sigmund Freud* haben wir bereits recht früh „sexuelle Gefühle" im weitesten Sinne.

---

3 Vgl. „Jugend '81", a. a. O., S. 622 ff.

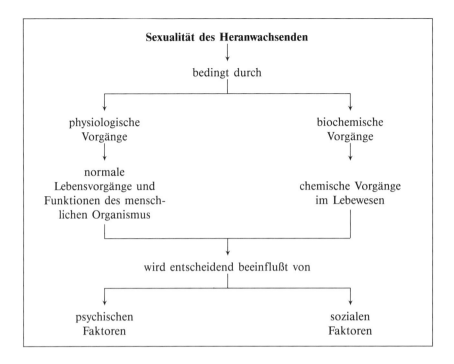

Neuere Forschungsergebnisse haben gezeigt, daß besonders das späte Schulkindalter eine Zeit mit zunehmendem sexuellem Interesse darstellt. Es handelt sich hierbei allerdings um eine mehr spielerische Erfahrungssuche im Umgang mit den Mitmenschen.

Hieraus wird deutlich, daß kein eigentlicher Bruch zwischen der Schulkind- und der Reifezeit besteht, sondern daß es sich um eine kontinuierliche Entwicklung handelt.

Die entsprechenden Verhaltensmuster werden vor allem in der Reife- und Jugendzeit erworben.

Die besondere Problematik im Bereich der Sexualität des Jugendlichen ergibt sich vor allem aus einer zunehmenden Diskrepanz zwischen

— biologischen Entwicklungsvorgängen und
— psycho-sozialen Erwartungen.

Erklärung: Einer immer früher einsetzenden Geschlechtsreife steht eine immer weitere zeitliche Verlagerung der Möglichkeiten einer Eheschließung oder Familiengründung gegenüber.

Beispiel:
Ein 18jähriger Auszubildender fehlt mehrmals unentschuldigt. Die Ausbilder sprechen mit ihm darüber, er gibt aber keine Begründung für sein Fehlen an. Trotz mehrmaliger Ermahnungen halten die Fehlzeiten bis zum Ende der Ausbildungszeit an. Wie sich später herausstellte, hatte der Auszubildende sich an den fraglichen Tagen mit seiner Freundin getroffen.

Der Beginn von Liebesbeziehungen während der Ausbildung ist sicherlich häufig ein Problem. In die Zeit der Ausbildung fällt sehr oft auch das Entstehen der ersten engeren Partnerbeziehungen. Ihr hoher erlebnismäßiger Wert kann dabei auf alle Lebensbereiche ausstrahlen:

- Sei es, daß dieses starke Erlebnis ganz allgemein aktiviert und die Entwicklung beschleunigt,
- sei es, daß dahinter Verpflichtungen (z. B. die Ausbildung) und andere Beziehungen zurücktreten und darunter leiden.

Generell läßt sich feststellen, daß dann, wenn von dem „Problem der Jugendsexualität" die Rede ist, nicht übersehen werden sollte, daß es sich hierbei mehr um

- Schwierigkeiten der Erwachsenen mit sich selbst handelt als um
- Schwierigkeiten der Jugendlichen mit der eigenen Sexualität und Unaufgeklärtheit.

Das Sexualverhalten des Jugendlichen ist, wie jedes andere menschliche Verhalten, erfahrungsabhängig; es ist also ein Ergebnis persönlicher Erlebnisse und gesellschaftlicher Randbedingungen. (Wann aber geben wir dem Jugendlichen die Möglichkeit, Sexualverhalten zu erlernen — so wie wir es dem Kind ermöglichen, sich im Straßenverkehr richtig zu verhalten?)

Wenn sich auch die bisher eher konservativen Einstellungen hinsichtlich vorehelicher sexueller Beziehungen in den letzten Jahren zunehmend gewandelt haben, so bleibt dieses Problem doch weiterhin bestehen.

Die Jugendzeit ist in unserer Kultur auch hinsichtlich des Sexualverhaltens ein

- Lebensabschnitt des Suchens und
- der Vorbereitung auf die Erwachsenenwelt.

Zusammenfassung

> - Die Sexualität ist ein natürliches Gefühl auch bei Jugendlichen.
> - Die Sexualität wird oft durch die soziale Umgebung tabuisiert und führt so zu einem Gegensatz zwischen den Gefühlen der Heranwachsenden und den Normen der Umwelt.
> - Die Erfahrungen, die im Umgang mit der Sexualität gesammelt werden, sind für das spätere Sexualverhalten sehr wichtig.
> - Deshalb müßte eigentlich dem Umgang mit der Sexualität oder besser dem Umgang mit dem Partner eine größere Bedeutung beigemessen werden.

5.4 Die Bedeutung der betrieblichen Gruppe

Die Gruppe, zu der der Jugendliche gehört, übt neben Familie, Schule und Berufswelt einen wichtigen Einfluß auf den Jugendlichen aus.

Während im Kindesalter die Gruppenbeziehungen keinen großen Einfluß auf den einzelnen hatten, ändert sich dies während der Pubertät.

> Die Gruppe vermittelt dem Jugendlichen
> - neue Eindrücke hinsichtlich
>   - menschlicher Gewohnheiten
>   - Einstellungen und
>   - Wertvorstellungen
> - ein Gefühl der Zugehörigkeit und „Geborgenheit"
> - eine Stärkung seines Selbstwertgefühls
> - ein (positives) Feed-back für sein Handeln.

Gruppen entwickeln *soziale Normen,* die den Gruppenmitgliedern vorschreiben, wie sie sich „richtig" zu verhalten haben. Die Gruppe gibt dem Jugendlichen einen sozialen Status und ein neues Bezugssystem.

Dem Jugendlichen liegt daran, in der Gruppe Anerkennung zu finden und ernst genommen zu werden. Häufig ist dem Jugendlichen die Erfüllung der Gruppennormen wichtiger als das Ansehen bei Eltern, Lehrern und Ausbildern.

Die Zugehörigkeit zu einer Gruppe oder der Wunsch dazuzugehören, ist nicht immer unproblematisch. Die Existenz einer Gruppe setzt voraus, daß es einige gibt, die nicht dazugehören, also „draußen" stehen. So gibt es „Außenseiter" und andere Formen der sozialen Isolation.

Dies bedeutet für den Betreffenden oftmals eine hohe psychische Belastung, da er sowieso unsicher ist und die Gefahr besteht, daß er sich noch mehr seinem Weltschmerz hingibt. Wichtig für seine Persönlichkeitsprägung wird es sein, wie er die Ablehnung durch die Gruppe aufnimmt und verarbeitet.

Das Erlebnis der Ablehnung kann für seine Prägung bedeutungslos sein, wenn er die Schuld nur bei den anderen sucht; es kann aber für ihn wichtig sein, wenn er nach den in ihm selbst liegenden Gründen der Ablehnung sucht und daran arbeitet. Von Vorteil wäre es, wenn er hierbei einen ihn akzeptierenden Gesprächspartner hätte.

In aller Regel sind auch die Normen der Jugendgruppen so, daß sie dem abgelehnten Mitglied offen ihre Meinung sagen. Dies ist für die Jugendlichen häufig eine letzte Chance, ein offenes Feedback zu erhalten, denn von Erwachsenen wird meist nur abgelehnt, ohne offene Aussprache.

Jugendliche erstreben die Mitgliedschaft in einer Gruppe, weil sie über die Gruppenmitgliedschaft Bedürfnisse befriedigen können.

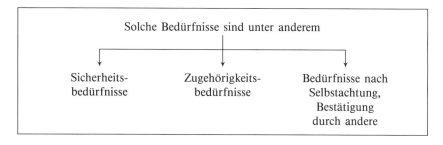

Der Wunsch nach Gruppenmitgliedschaft läßt sich aber nicht immer verwirklichen.

Hindernisse für eine Gruppenmitgliedschaft können sein:
− ablehnende Haltung einer Gruppe gegenüber Außenstehenden
− mangelnde Bekanntheit
− abweichende persönliche Merkmale

Im Schulkindalter handelt es sich eher um Mädchen- oder Jungengruppen. Während der Pubertät verändern sich diese Gruppen in ihrer Zusammensetzung, und auch die Einstellungen und Normen, die die einzelnen Gruppen von ihren Mitgliedern erwarten, verändern sich.

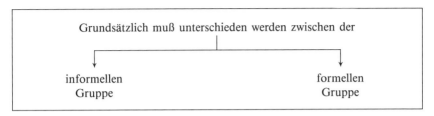

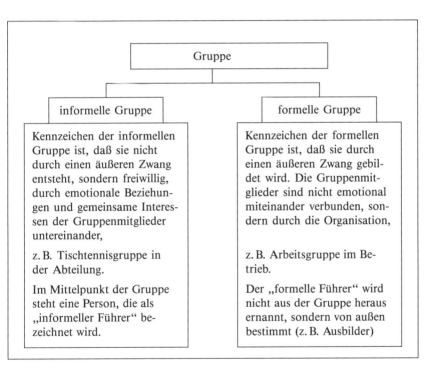

Eine *informelle Gruppe* hat für den Jugendlichen eine erhebliche Bedeutung. Handelt er nicht nach den Normen und Richtlinien der Gruppe, so wird er sehr schnell von ihr abgelehnt. Das kann das Gefühl der Einsamkeit, zu der er in dieser Zeit ohnehin schon neigt, noch verstärken und zu großen Konflikten führen.

Wie wichtig es für den Ausbilder ist, den informellen Führer zu kennen, zeigt das nachfolgende Beispiel.

Beispiel:
Der Auszubildende R (15 Jahre alt) wird des öfteren beim ‚Schuleschwänzen' erwischt. Obwohl der Ausbilder ihn mehrmals ermahnt und ihm die gesetzlichen Bestimmungen erklärt, zeigt R zwar Einsicht, hält sich aber nur kurze Zeit an sein Versprechen. Bei einem nochmaligem Gespräch sagt R, daß alle in der Gruppe häufig nicht zur Schule gehen würden und er nicht allein sich anpassen könne, sonst würde er als Streber angesehen werden.

Kennt der Ausbilder den „informellen Führer" dieser Gruppe und hat er zu ihm einen guten Kontakt, wird er versuchen, diesen durch ein Gespräch zu überzeugen. Ist dieser einsichtig und gibt seine Einsicht auch an die Gruppe weiter, werden die Mitglieder der Gruppe im Betrieb voraussichtlich nicht mehr trinken. Somit wäre das Problem von R gelöst.

Beispiel:
Der Ausbilder eines Industriebetriebes hatte sich lange Zeit dafür eingesetzt, daß die Geschäftsleitung während der Arbeitszeit eine Sportstunde für die (formelle) Gruppe der Industriemechaniker im 2. Lehrjahr genehmigte. Endlich erhielt er die Zustimmung und gab erfreut die Information an die Lehrlingsgruppe weiter.

Er war aber zutiefst betroffen, als nach der 3. Sportstunde die Gruppe streikte: „Andere haben ja auch keinen Sport, was soll denn das dumme Rumgehopse?"

Was war passiert? Der Sportlehrer hielt die Sportstunde auf einem Platz ab, der von einem Bürogebäude einzusehen war. Am Fenster dieses Gebäudes stand dann jedesmal die Freundin des informellen Führers der Gruppe und machte sich darüber lustig, welch komische Figur er (Größe 1,92 m) bei gymnastischen Übungen abgab. Er selbst fühlte sich in seiner Rolle auch sehr unwohl und hatte Angst, sich vor den Augen seiner Freundin lächerlich zu machen. Er stand vor der Alternative: Freundin oder Sportstunde! So war es für ihn ein Leichtes, die übrigen Gruppenmitglieder von der Unsinnigkeit der Gymnastik zu überzeugen!

Welchen Fehler hatte der Ausbilder gemacht?

Er hatte das Projekt nicht mit dem informellen Führer vorher besprochen. Als er dies nachholte, kamen sie zu folgender Übereinkunft:

- Keine Gymnastik mehr (sie wurde von den Jugendlichen als weiblich angesehen),
- mehr Ball- und Kampfspiele, und
- der Sport wurde auf einen Platz verlegt, der vom Bürogebäude nicht einzusehen war.

Zusammenfassung

- Formelle wie auch informelle Gruppenmitgliedschaft ist für den Heranwachsenden wichtig.
- Als Mitglied einer informellen Gruppe richtet er sein Verhalten an den Normen und Richtlinien der Gruppe aus.

5.5 Die betriebliche Umwelt

Der Jugendliche hat während seiner Ausbildung einen engen Kontakt zu seinem Ausbilder, der daher einen erheblichen Einfluß auf dessen Persönlichkeitsbildung hat.

Welche Hauptaufgaben ergeben sich hieraus für den Ausbilder?

- Der Ausbilder hat die Aufgabe, den Lehrling *fachlich auszubilden*.
- Dem Ausbilder kommt des weiteren eine *erzieherische Aufgabe* zu, da junge Menschen noch stark beeinflußbar sind und ihre Persönlichkeit noch geprägt werden kann. Daher sollte sich der Ausbilder so verhalten, daß er *positiv* auf den Jugendlichen einwirkt.

Aus diesen beiden Aufgaben ergibt sich, daß an den Ausbilder hohe *fachliche* und besonders *pädagogische* Anforderungen zu stellen sind.

Der Ausbilder sollte stets bedenken:

- Der Ausbildungsbetrieb stellt für den Jugendlichen eine völlig neue Umgebung dar, in der er zunächst lernen muß, sich zurechtzufinden.
- Der junge Mensch benötigt Zeit, um sich an den für ihn neuen Arbeitstag zu gewöhnen, der sich vom reinen Schulbesuch deutlich unterscheidet.
- Während der Ausbildung wird der Jugendliche mit für ihn neuen Normen, Werten und Richtlinien konfrontiert, die er in seinem bisherigen Leben noch nicht erfahren hat.

6. Problembewältigung durch den Jugendlichen

Wie bewältigt der Jugendliche die Probleme, die sich in seiner Entwicklungszeit ergeben?

Zunächst erlernt er die wesentlichen Verhaltensmuster für die Bewältigung von Problemen und Konflikten in

- der Familie und
- der gewohnten Umwelt.

In der Regel sind drei verschiedene Arten der Verarbeitung zu beobachten:

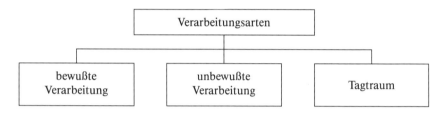

6.1 Bewußte Verarbeitung

Bei der bewußten Verarbeitung erfolgt die Bewältigung möglichst bis zur völligen Lösung des Problems oder des Konflikts.

6.2 Unbewußte Verarbeitung

Bei der unbewußten Verarbeitung spielt sich die Bewältigung im Unbewußten ab.

Dies kann

- nachts im Traum sein (= Normalfall) oder
- in einer tiefenpsychologischen Sitzung mit Hilfe eines Psychologen erfolgen (= Ausnahmefall bei schweren inneren Konflikten).

6.3 Der Tagtraum

Eine weitere Möglichkeit ist der Tagtraum.

Merke:

Unter einem Tagtraum versteht man die verschiedenen Formen der Phantasietätigkeit, bei denen sich der Mensch angenehmen Vorstellungen hingibt, womit er sich Befriedigung von Wünschen verschafft, die in der Realität nicht zu erfüllen sind.

Aus dem Wunsch heraus, sich in eine andere Welt zu versetzen bzw. von einer anderen, besseren Welt zu träumen, läßt sich auch die Anfälligkeit des Jugendlichen für Drogen erklären[1].

Diese Träume werden oft von Musik begleitet, in der die Heranwachsenden ihrem Lebensgefühl Ausdruck verleihen können. Die Wunschvorstellung einer imaginären (unwirklichen) Welt wird dann über das Medium Musik für sie Wirklichkeit.

Merke:

Neben Konfliktbewältigung und Spannungsabbau erfüllt der Tagtraum
- Planungsfunktion und
- Übungsfunktion.

Tagträume stellen allerdings dann eine Gefahr dar, wenn sie derart überhand nehmen, daß sie für den Jugendlichen eine Flucht aus der Realität darstellen. Grundsätzlich kann man davon ausgehen, daß konfliktbeladene Situationen, wenn überhaupt, dann nur teilweise verarbeitet werden können.

Oft gelangt das Hauptproblem gar nicht ins Bewußtsein, sondern wird „verdrängt". Diese nur teilweise Verarbeitung eines Konflikts führt zu keiner Lösung des Problems. Es ist zwar bewußt gar nicht vorhanden, beeinflußt aber unbewußt die Gedankenwelt, was zu permanenter Unzufriedenheit mit sich und der Umwelt führen kann[2].

---

1 Vgl. *Cyran, Wolfgang*, a.a.O.
2 Vgl. *Crisand, Ekkehard*, a.a.O., S. 17 ff.

Merke:
Keine oder nur ungenügende Bewältigung eines Problems kann erhebliche und dauerhafte Entwicklungsstörungen (z. B. Neurosen, psychosomatische Krankheiten) zur Folge haben.

Ob solche Störungen eintreten oder nicht, hängt weitgehend ab von
– der Persönlichkeitsstruktur,
– der „Ich"-Stärke und
– der inneren Stabilität des Jugendlichen.

Konflikte haben jedoch auch ihre positiven Aspekte. So sind Probleme und Konflikte in der Jugendzeit für die Entwicklung notwendig. Der Jugendliche erlernt hierdurch Verhaltensmuster, die er als Erwachsener in ähnlichen Situationen anwenden kann.

7. Das Führen von Jugendlichen

Viele haben es in der beruflichen Welt mit Auszubildenden zu tun, sei es, daß sie selbst ausbilden oder einen Auszubildenden in der Abteilung haben. Zu Beginn der Ausbildung ist bei jüngeren Jugendlichen die Pubertät, bei den älteren Lehrlingen die Adoleszenz noch nicht abgeschlossen.

Aufgrund der Verantwortung, die die Ausbilder im Umgang mit den Jugendlichen tragen, sollten sie sich ständig fragen, ob sie auch richtig führen.

Um das Ausbildungsziel zu erreichen, fungiert der Ausbilder als *Unterweiser* und *Berater*.

Der Ausbilder als Unterweiser

Der Ausbilder „nimmt den Jugendlichen sozusagen an die Hand" und führt ihn systematisch durch den Lehrstoff, den der Auszubildende sich aneignen muß.

Der Ausbilder als Berater

Der Ausbilder beantwortet die Fragen des Jugendlichen und gibt notwendige Informationen. Er korrigiert Fehler und versucht, gemeinsam mit dem Auszubildenden die Ursachen herauszufinden, damit der Auszubildende in Zukunft die Möglichkeit hat, Fehler zu vermeiden[1].

Ausbilder üben auf den Jugendlichen einen großen Einfluß aus, indem sie

- Anweisungen geben
- kontrollieren
- Kritik üben

oder im schlimmsten Fall

- ihn gar nicht beachten.

Wir sollten uns daher entsprechende Gedanken über die Führung von Jugendlichen machen.

---

1 Vgl. *Freytag, H. P.:* Der Ausbilder im Betrieb, a.a.O., Kapitel A, V, S. A 16.

Merke:
Der Jugendliche braucht eine verständnisvolle Führung, die ihm hilft, sich zu orientieren und in angemessener Weise zu handeln.

Dies gilt zwar grundsätzlich, wenn es um die Frage der Führung geht. Die Führung von Jugendlichen hat jedoch ihre Besonderheiten.

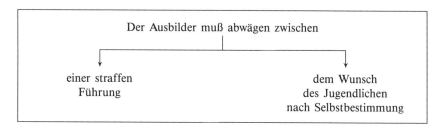

Führungsautorität sollte deshalb nur maßvoll eingesetzt werden. Allgemein ist zu beachten:

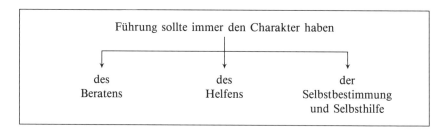

Der Heranwachsende sollte nach Möglichkeit *genügend Freiraum zur Eigeninitiative* und zu eigenverantwortlichem Handeln haben. Forderungen, die an ihn gestellt werden, müssen realistisch und erfüllbar sein. So kann z. B. das schnelle Wachstum des Skeletts und der Muskulatur die Leistung der Jugendlichen bei komplizierten Bewegungen beeinträchtigen. Dieses Absinken der Leistung darf nicht auf andere Faktoren, wie etwa Interesselosigkeit und mangelnden Fleiß, zurückgeführt werden.

Merke:
Der „Führende" (Ausbilder) muß versuchen, dem Jugendlichen zu helfen
— Sachverhalte in Zusammenhängen zu sehen,
— Widersprüchliches aufzulösen und zu verkraften.

In der sozialen Umwelt übt der Ausbilder einen entscheidenden Einfluß auf die ihm anvertrauten Jugendlichen aus. Der Erziehungs- und Ausbildungserfolg hängt vor allem davon ab, wie Ausbilder sich Auszubildenden gegenüber verhalten.

Nur durch solche Verhaltensweisen kann der Ausbilder dem Jugendlichen ein *Vorbild* sein und positiv auf ihn einwirken.

Der Ausbilder ist somit für das *Wertesystem* des Jugendlichen — sozusagen für sein *„Innenleben"* — von erheblicher Bedeutung.

Ausbilderverhalten
↓
Bezeichnungen für diejenigen *Handlungen* und *Äußerungen*, die vom Ausbilder im unmittelbaren, zwischenmenschlichen Kontakt mit dem Auszubildenden erfolgen.

Die Auszubildenden messen dem Ausbildungsklima mehr Bedeutung bei als den materiellen Bedingungen des Berufs und der technisch-organisatorischen Qualität des Betriebes. Beachtet werden sollte auch, daß wir keine *Autoritätspädagogik* betreiben dürfen, sondern nur noch *Vorbildpädagogik*. Der Heranwachsende ist sehr sensibel und kritisch gegenüber dem, was ihm gesagt wird und dem, was wirklich getan wird. Reden und Handeln der Bezugsperson müssen übereinstimmen.

Diese Forderung liest sich sehr einfach. Jeder Ausbilder/Erwachsene sollte hier aber innehalten und darüber nachdenken, wie dies in seinem eigenen Lebens- und Arbeitsbereich ist, ob seine Worte mit seinem Verhalten übereinstimmen.

7.1 Die Persönlichkeitsbildung als Erziehungsziel

Jeder, der mit der Erziehung von Jugendlichen zu tun hat, sei es im privaten oder im beruflichen Bereich, muß sich darüber im klaren sein, daß er für die Jugendlichen in zweierlei Hinsicht Verantwortung trägt:
- einmal für die Leistung und
- zum zweiten für die Persönlichkeitsbildung.

In den zurückliegenden Jahren – wie sich die Zukunft gestalten wird, ist noch nicht zu überblicken – wurde (zu) großer Wert auf die Leistungen der Kinder und Jugendlichen gelegt und weniger Wert auf die Ausbildung der Persönlichkeit (man denke nur an die Phase der „logischen Blöcke" in den 70er Jahren, als die emotionale Prägung zugunsten des logischen Denkens zurücktreten mußte).

Dies ist eine bedrohliche Entwicklung. Wir wollen die Bedeutung der Persönlichkeitsbildung für den Menschen an drei Beispielen erläutern:

1. Wir führten jahrelang testpsychologische Untersuchungen für einen großen Konzern durch mit dem Ziel, für die ca. 35jährigen einen Hinweis darauf zu geben, ob sie mehr für die Markt- oder die Produktseite geeignet seien. Bei all diesen Gutachten haben wir nie festgestellt, daß die Führungskräfte *leistungsmäßig* nicht geeignet seien; dafür gab es aber Anzeichen für nicht ausgereifte Persönlichkeiten.

2. Am Ende jedes Semesters gehen an der Hochschule Anfragen nach Absolventen ein. Auf unsere Frage, welche Fähigkeiten und Ausbildungsinhalte gefragt seien, kommt immer eine lange Aufzählung. Am Ende des Gesprächs heißt es dann aber: „Das Fachwissen ist weniger wichtig, das ist bei uns sowieso sehr spezifisch, aber: – er muß eine Persönlichkeit sein!"

3. Auch bei Gesprächen suchen wir bei unseren Gesprächspartnern nach Persönlichkeit. Haben sie nur Fachwissen und mangelt es ihnen an Persönlichkeit, sprechen wir herabsetzend von „Fachidioten". (Denken Sie einmal nach, wie es bei Ihren Bekannten aussieht: Reicht ihnen die berufliche Stellung, oder suchen sie mehr?)

Auch in der Managementlehre geht man davon aus, daß in Zukunft
- Stellenautorität und
- Fachautorität nicht ausreichen, sondern daß
- persönliche Autorität gefragt ist.

So wird deutlich, daß die für die Ausbildung von jungen Menschen Verantwortlichen besonders die Ausprägung von Persönlichkeitswerten beachten müssen.

Daß dies eine schwierige Aufgabe ist, ist allen Beteiligten klar. Es ist auch nicht einfach zu sagen, wie Persönlichkeit geprägt wird:

1. Zunächst einmal sollten wir darauf achten, daß der Jugendliche Selbstwertgefühl besitzt, wenigstens soviel, daß er nicht immer mit Abwehrmechanismen reagieren muß.
2. Der Jugendliche muß lernen, sich in Frage zu stellen; Antwort zu bekommen auf die Fragen:
   - Wie bin ich? (durch eine testpsychologische Untersuchung)
   - Wie verhalte ich mich? (durch Video-Aufnahmen seines Verhaltens)
   - Wie wirke ich auf andere? (durch eine gruppendynamische Übung)

Dann folgt die Frage: „Will ich so bleiben, oder möchte ich an mir arbeiten?"

7.2 Die vier wesentlichen positiven Verhaltensweisen des Ausbilders

7.2.1 Achtung, Wärme und Rücksichtnahme[2]

Bei allen zwischenmenschlichen Beziehungen sind *Achtung, Wärme* und *Rücksichtnahme* von großer Bedeutung, denn jeder Mensch braucht seine Mitmenschen und möchte mit ihnen auskommen.

Arbeitet der Ausbilder mit einem Jugendlichen zusammen, dann sollte er sich ihm gegenüber immer *achtend* und *rücksichtsvoll* verhalten. Er sollte dem Jugendlichen sein *„wahres Ich"* zeigen. Der junge Mensch spürt durch diese Verhaltensweise, daß er dem Ausbilder nicht gleichgültig ist und von ihm als Mensch geschätzt wird.

Oftmals wird es jedoch in unserer Gesellschaft als wichtiger angesehen, sich rational zu verhalten und die wahren Gefühle zu unterdrücken, um nicht als weich und schwach zu gelten.

Achtung, Wärme und Rücksichtnahme können durch folgende Verhaltensweisen vermittelt werden:

- Er spricht warm und freundlich mit dem Auszubildenden und vermeidet einen abweisenden Umgangston (*Sprache*).
- Er lobt den Jugendlichen, indem er ihm beispielsweise anerkennend auf die Schulter klopft (*Gestik*).

---

[2] Vgl. *Tausch, R.*: Erziehungspsychologie, nach *Crisand*, Band 25 der Reihe.

- Er verhält sich auch anderen gegenüber hilfsbereit und zuvorkommend und kümmert sich um sie (*allgemeines Verhalten*).

Der Ausbilder sollte aber ein freundliches und zuvorkommendes Verhalten des jungen Menschen nicht zur *Bedingung* für sein eigenes positives Verhalten machen, sonst wird der Jugendliche häufig sein wahres Denken und Fühlen unterdrücken und sich nicht „*offen*" verhalten.

Dies heißt natürlich nicht, daß der Ausbilder Unfreundlichkeit des Jugendlichen billigen und tolerieren soll; er sollte vielmehr mit ihm darüber sprechen, ohne ihm Schuld zuzuweisen. Trotzdem sollte er versuchen, den jungen Menschen zu respektieren.

Der Ausbilder sollte dem Auszubildenden zeigen:

- Ich interessiere mich für dich und deine Gefühle, unabhängig davon, wie du dich verhältst
- Ich mag dich, egal, was andere von dir halten.
- Wenn du mir etwas Negatives von dir erzählst, dann verleitet mich dies nicht dazu, schlecht über dich zu denken.
- Meine Gefühle dir gegenüber hängen nicht von deinen Gefühlen mir gegenüber ab.
- Ich mache meine Gefühle dir gegenüber nicht von deinen betrieblichen und schulischen Leistungen abhängig.

7.2.2 Einfühlendes, nicht wertendes Verstehen[3]

Der Ausbilder sollte beim Umgang mit einem Jugendlichen immer versuchen, sich in ihn *hineinzuversetzen*, ohne über ihn zu urteilen, und erkennen, wie der junge Mensch seine Umgebung und seine Erlebnisse wahrnimmt, wie er fühlt und was in seinem Inneren vor sich geht.

Spürt der Jugendliche, daß der Ausbilder sich in ihn hineinversetzt, sich für ihn als Mensch interessiert, *„mit ihm fühlt"*, dann ist er zugänglicher und offener – sich selbst und seinem Ausbilder gegenüber.

Der Ausbilder hat die Möglichkeit, sich dem Jugendlichen gegenüber *„einfühlsam"* zu verhalten und somit seine Persönlichkeitsentwicklung positiv zu beeinflussen, indem er dem Jugendlichen mitteilt, was er von seinem Fühlen und seinem inneren Erleben verstanden hat *(„verbalisieren")*, und gleichzeitig versucht, sich einfühlend und nicht wertend in den Jugendlichen *hineinzuversetzen*. Der Ausbilder ist so mehr in der Lage, sein Verhalten und seine Maßnahmen auf die „innere Welt" des Jugendlichen abzustimmen.

---

[3] Vgl. *Tausch, R.*, nach *Crisand*, Band 25 der Reihe.

Ebenso wie die erste positive Verhaltensweise Achtung, Wärme und Rücksichtnahme kann sich die zweite positive Verhaltensweise (einfühlendes, nicht wertendes Verstehen) durch *Sprache, Gestik und allgemeines Verhalten* zeigen.

Obgleich ein einfühlendes, nicht wertendes Verstehen nicht einfach ist und die Menschen eine gewisse Zeit brauchen, einfühlend und nicht wertend zu sein, sollte der Ausbilder immer versuchen, in kleinen Schritten auf den Jugendlichen zuzugehen und sein Erleben und Fühlen zu verstehen.

7.2.3 Echtheit der Gefühle

Der Ausbilder sollte sich bemühen, dem Jugendlichen gegenüber ein echtes Verhalten zu zeigen, er sollte sich nicht hinter einer *Fassade* verstecken, sondern zeigen, was er denkt und fühlt. Dann — wie auch bei den zwei zuvor angesprochenen Verhaltensweisen — übernimmt der junge Mensch diese Verhaltensweise durch Lernen am Modell in sein eigenes Verhaltensrepertoire.

Lebt der Ausbilder diese Verhaltensweisen beim Umgang mit dem Jugendlichen und hat er gleichzeitig *Respekt* vor dessen Gefühlen, dann ist er für die Persönlichkeitsentwicklung des jungen Menschen *positiv* und *förderlich*.

Wie die zwei zuvor angesprochenen Verhaltensweisen kann sich auch Echtheit der Gefühle durch *Sprache, Gestik und allgemeines Verhalten* dem Jugendlichen gegenüber zeigen.

Der Ausbilder sollte also dem Jugendlichen stets zeigen, daß er seine Gefühle und Gedanken *äußern darf*, denn gerade wenn der junge Mensch unsicher und ängstlich ist — also ein ungünstiges Selbstkonzept hat — ist es wichtig, daß er lernt, sich so zu geben, *wie er ist.*

Der Jugendliche muß spüren, daß er dem Ausbilder vertrauen kann und sich nicht zu schämen braucht, sein *wahres Ich* zu zeigen.

7.2.4 Förderung positiver Anlagen ohne Bevormundung

Junge Menschen müssen die Möglichkeit haben, aus ihren Fehlern zu lernen und ihre Fähigkeiten zu entdecken. Nur auf diese Weise sind sie in der Lage, ihre eigene Person besser kennenzulernen und ihrem Erleben offen gegenüberzustehen.

Verhält sich der Ausbilder dem Jugendlichen gegenüber so, daß dieser sich wohl fühlt und seinen Freiraum hat, dann:

- *werden die seelischen Grundvorgänge gefördert,*
  - Wahrnehmungslernen
  - Selbstkonzept und Selbstwertgefühl
  - Offensein für das eigene Erleben
- *entspricht dies den vier Grundwerten des menschlichen Zusammenlebens,*
  - Selbstbestimmung
  - Achtung der Person
  - Förderung der seelischen und körperlichen Leistungsfähigkeit
  - soziale Ordnung
- *verhält sich der Ausbilder dem Jugendlichen gegenüber sozial reversibel,*
- *herrscht Übereinstimmung zwischen dem Jugendlichen und seinem Ausbilder und somit ein harmonisches Klima,*
- *lernt der Auszubildende, eigenständig zu denken und zu arbeiten,* und
- *auch der Ausbilder fühlt sich wohl, wenn er den Jugendlichen ohne Dirigieren fördert.*

Indem der Ausbilder dem Jugendlichen *helfend* und *beratend* zur Seite steht, ihm *Feedback* für dessen Handeln gibt und auch selbst bereit ist „mitzulernen", wirkt er positiv auf dessen Persönlichkeitsentwicklung ein und fördert die Lerntätigkeit des jungen Menschen, ohne diesen stark lenken zu müssen.

Dem Ausbilder stehen mehrere Methoden zur Verfügung, um ein selbstbestimmtes und eigenverantwortliches Arbeiten und Lernen beim Jugendlichen zu erreichen, beispielsweise durch:

- *Gruppenarbeit, bei der die Jugendlichen lernen, mit anderen zusammenzuarbeiten*

Sie tauschen untereinander Informationen aus, helfen sich gegenseitig, geben sich Anregungen, denken eigenständig und haben sozial und emotional einen guten befriedigenden Kontakt zu ihren Mitmenschen.

- *Verständliche Wissensvermittlung*

Der Ausbilder versetzt sich in den Jugendlichen hinein und versucht, ihm die Lerninhalte so darzulegen, daß dieser sie verstehen und selbständig lernen kann.

- *Materielle und menschliche Lernhilfen*

Der Ausbilder fördert und erleichtert das Lernen, indem er beispielsweise aktuelle Informationen beschafft, Videobänder zeigt (materielle Lernhilfen) oder Auszubildende eines höheren Lehrjahres beauftragt, sich um die jüngeren Auszubildenden zu kümmern und ihnen zu helfen (menschliche Lernhilfen).

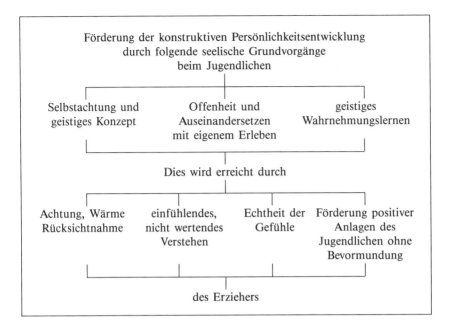

7.2.5 Auswirkungen eines positiven Verhaltens des Ausbilders[4]

(1) *Auswirkung von Achtung, Wärme und Rücksichtnahme*

Achtung, Wärme und Rücksichtnahme sind wichtig für das seelische und körperliche Wohlbefinden des Jugendlichen, denn er braucht ein Klima der Harmonie und der Wärme, um sich positiv entwickeln zu können:

- Der Jugendliche hat dann eine positive Einstellung zu sich selbst, ein höheres Selbstwertgefühl und ein günstigeres Selbstkonzept, er kann sich so akzeptieren, *wie er ist.*
- Der junge Mensch *„fühlt sich wohler in seiner Haut"*, ist zuversichtlich, was seine Fähigkeiten angeht, und kann mit seinem Ausbilder gelöst und entspannt umgehen.
- Er bringt auch anderen Achtung, Wärme und Rücksichtnahme entgegen, kann seine Mitmenschen akzeptieren und ihnen *vertrauen.*
- Der Auszubildende wird selbständiger und ist in der Lage, *selbständig* zu denken und zu arbeiten.

---

4 Vgl. *Tausch, R.,* nach *Crisand,* Band 25 der Reihe.

(2) *Auswirkungen von einfühlendem, nichtwertendem Verstehen*

Der Jugendliche wird in seinem Erleben und in seiner Persönlichkeitsentwicklung gefördert, er erfährt Verständnis und Zuneigung und kann sich dadurch selbst besser verstehen und verwirklichen:

- Der Jugendliche fühlt sich *beachtet* und *verstanden*, er fühlt sich nicht alleingelassen.
- Er kann seinen Ausbilder ebenfalls verstehen und sich in ihn „*hineinversetzen*". Er fühlt, daß der Ausbilder seine Lage versteht und ihn nicht nur kritisieren oder belehren will.
- Der Jugendliche ist sich gegenüber offener, setzt sich mit sich selbst auseinander und öffnet sich auch seinem Ausbilder in zunehmendem Maße. Er kann über das, was er *fühlt* und *denkt*, offen mit seinem Ausbilder sprechen.
- Er kann früheren Erlebnissen gegenüber offener sein und auch neue Erfahrungen aufrichtiger und besser verarbeiten.

(3) *Auswirkungen von Aufrichtigkeit*

Der Jugendliche kann dadurch, daß ihm der Ausbilder aufrichtig begegnet, sein persönliches Denken und Fühlen ohne Schuldgefühle und Ängste äußern und eine fassadenfreie Beziehung zu seinem Ausbilder finden.

- Der Auszubildende lernt, *selbst* echter zu sein, er lebt mehr aus seinem *Fühlen* heraus und lernt sich besser kennen.
- Er setzt sich besser mit sich selbst auseinander, er geht beispielsweise nicht irgendwelchen Trends nach, sondern handelt so, wie es *seinem Denken und Fühlen entspricht*.
- Der Jugendliche kann zu seinem Ausbilder eine *tiefe, echte* Beziehung aufbauen, er sieht ihn nicht nur als Vorgesetzten, sondern als Mensch, der persönliche Gefühle, Erfahrungen und Wünsche hat.
- Er neigt nicht mehr dazu, gegen sein Gefühl zu handeln, sondern legt unechtes *Gehabe* und *Fassadenhaftigkeit* ab.
- Der Auszubildende hat weniger Schwierigkeiten mit dem Lernen, er entwickelt ein *besseres Urteilsvermögen* und kann leichter mit Problemen umgehen.

(4) *Auswirkungen von einem fördernden, lenkungsfreien Verhalten*[5]

Durch ein förderndes, nichtdirigierendes Verhalten des Ausbilders kann sich der Jugendliche freier bewegen und eigene Ideen verwirklichen, ohne von seinem Ausbilder zu einer Handlungsweise gezwungen zu werden, die seinem Wesen nicht entspricht.

---
5 Vgl. *Dunkel, Dieter/Vogel, Werner*: Psychologie und Pädagogik für Ausbilder, a.a.O., S. 74.

- Es entsteht ein *entspanntes, partnerschaftliches* Verhältnis zwischen dem Jugendlichen und seinem Ausbilder.
- Ein *„Wir-Gefühl"* entwickelt sich. Der Jugendliche fühlt sich nicht allein, sondern arbeitet gern mit dem Ausbilder und den anderen Auszubildenden zusammen.
- Der Auszubildende arbeitet auch dann mit den anderen Auszubildenden *partnerschaftlich* und *kooperativ* zusammen, wenn der Ausbilder nicht anwesend ist.
- Der Auszubildende *traut sich mehr zu* und geht *motivierter* an eine neue Aufgabenstellung heran, weil er weiß, daß er seinen Freiraum hat und dennoch Hilfe von seinem Ausbilder erwarten kann.

7.3 Der Führungsstil

Jeder, der führt oder ausbildet, hat seinen bestimmten Führungsstil, der sich in seinen Verhaltensweisen niederschlägt.

Jeder der drei Grundstile des Führungsverhaltens hat seine typischen Auswirkungen auf das Erleben und Verhalten des Auszubildenden. Die folgende Übersicht gibt in Stichworten die Wirkung der Führungsstile auf den Jugendlichen wieder:

Autoritärer Stil	Partnerschaftlicher Stil	Laissez-faire-Stil (Gleichgültigkeitsstil)
Aggression, Arbeits-, Lernunlust, geringe Aktivität und Initiative, Übernahme autoritären Denkens und Verhaltens	Kooperationsbereitschaft, Offenheit und Vertrauen, Lernbereitschaft, Originalität, kritisches Bewußtsein, Toleranz	mangelnde Orientiertheit, soziale Unangepaßtheit, unrationales Lernen, wenig Lernanreize, Individualismus, Egoismus[6]

---

[6] *Crisand/Horn/Werner*, Welche Folgen hat das Verhalten des Ausbilders? (Merksätze und Aufgaben zur Psychologie des Ausbilderverhaltens), in: 10 Anregungen, Hinweise und Bemerkungen zur Jugendpsychologie, unveröffentlichtes Seminarbegleitmaterial, S. 5.

Die Erziehungs- und Bildungsziele unserer Gesellschaft verlangen nach einem partnerschaftlichen Führungsstil. Die Mehrzahl der Auszubildenden wünscht sich einen Vorgesetzten/Ausbilder, der diesen Ausbildungsstil praktiziert. Dies hat nichts zu tun mit der sogenannten „weichen Welle" in der Erziehung und darf hiermit auch nicht verwechselt werden. Dieser Führungsstil darf auch nicht klischeehaft angewandt werden. Sich hierfür zu entscheiden heißt, sich überwiegend und so weit wie möglich partnerschaftlich zu verhalten.

Merke:

Entgegen der weitverbreiteten Auffassung ist der persönliche Erziehungsstil nicht „angeboren", sondern erlernbar.

Den Unterschied zwischen den verschiedenen Ausbildungsstilen kann man sich am besten klarmachen, wenn man mit Hilfe bestimmter Fragen die eigenen Verhaltensweisen herausfindet.

Fragen, die man sich stellen sollte[7]	Verhaltensbereiche, die man erfaßt
1. In welchem Ausmaß greife ich „lenkend" in das Ausbildungsgeschehen ein?	Lenkungsverhalten
2. Wie reagiere ich auf unerwünschtes Verhalten der Auszubildenden?	Sanktionsverhalten
3. Wie groß ist das Ausmaß an Wertschätzung und Verständnis, das ich dem Auszubildenden entgegenbringe?	Wertschätzungsverhalten
4. Welche Erwartungen setze ich in den Auszubildenden?	Erwartungsverhalten

---

7 *Crisand/Horn/Werner*, a.a.O., S. 4.

Aufgabe:
Ordnen Sie die aufgeführten Verhaltensäußerungen den drei Führungsstilen zu, indem Sie in das entsprechende Feld ein Kreuz machen. Die Auflösung finden sie auf Seite 89.

Führungsstil / Aufgabe	autoritärer Stil	partnerschaftlicher Stil	Laissez-faire Stil
1. Ihr dürft nicht dazwischenreden, merkt euch das!			
2. Jeder hat ein Recht darauf, seine Meinung zu äußern aber bitte nicht alle auf einmal, sonst kann man nichts verstehen!			
3. Wir sind an einer andereren Stelle, mein Freund; du sollst nicht das ganze Heft durchblättern, sondern nur das, was zur Debatte steht!			
4. Frage doch nicht so dumm!			
5. Hier muß jeder lernen, sich in die Gemeinschaft einzufügen; du hast es besonders nötig Fritz!			
6. Wenn ihr etwas nicht verstanden habt, so fragt nur!			
7. Ja, da hast du recht, deine Lösung ist einfacher als meine!			

Führungsstil Aufgabe	autoritärer Stil	partnerschaftlicher Stil	Laissez-faire Stil
8. Nach Feierabend kannst du machen was du willst, Hauptsache, du benimmst dich hier im Betrieb ordentlich!			
9. Wenn das noch einmal vorkommt, du Schlafmütze, werde ich andere Saiten aufziehen müssen!			
10. Das ist schon viel besser; jetzt noch einen Versuch, und du hast es sicher gepackt!			
11. Wenn du es nicht kannst, laß es lieber bleiben!			
12. Wer hier zu spät kommt, soll selbst sehen, wie er den Anschluß findet!			
13. Das ist ja unerhört! So hätten wir früher unserem Meister nicht zu kommen gewagt!			
14. Es ist möglich, daß dein Einwand berechtigt ist; ich werde die Frage noch einmal prüfen!			
15. Das gehört nicht hierher!			

Auflösung der Führungs-Stil-Aufgabe

Autoritärer Stil: Aufgaben 1, 3, 4, 5, 8, 9, 13, 15
Partnerschaftlicher Stil: „ 2, 6, 7, 10, 14
Laissez-faire-Stil: „ 11, 12
Welche der Aussagen finden sich häufiger bei Ihrem Verhalten?

7.4 Der richtige Einsatz von Führungsmitteln

- Wie erteile ich einen Auftrag oder eine Anweisung an einen Jugendlichen?
- Wie spreche ich mit einem Jugendlichen?
- Sind Lob und Tadel gleichermaßen angebracht?
- Kontrolliere ich seine Arbeit richtig?

All das sind Fragen, die in engem Zusammenhang mit dem Einsatz der Führungsmittel gestellt werden.

Nachfolgend werden die einzelnen Führungsmittel in bezug auf den Umgang mit Jugendlichen näher erläutert:

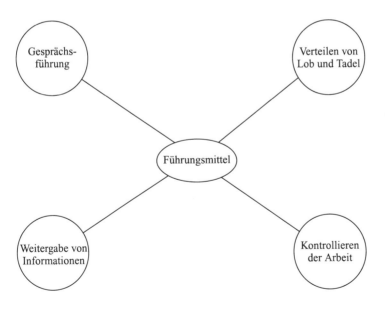

> **Merke:**
> Der richtige Einsatz von Führungsmitteln wie Kontrolle, Lob und Tadel oder das Gespräch bedeuten die Stabilisierung der Leistungsbereitschaft und das Engagement, durch das die Motivation gefördert wird.

7.4.1 Umgang mit Kritik

Eine wichtige Rolle bei der Frage des richtigen Führens spielt das richtige Kritikverhalten.

Grundsätzlich hat positives Feedback eine stärkere Wirkung als negatives. Lobt man direkt im Anschluß an ein bestimmtes Verhalten, so nimmt die Wiederholungswahrscheinlichkeit dieser Verhaltensweise zu.

> **Beispiel:**
> Der Auszubildende H legt ein Werkstück an. Kaum ist das Werkstück fertiggestellt, zeigt er es dem Ausbilder. Dieser gibt ihm umgehend ein positives Feedback. Durch die Bestätigung direkt im Anschluß prägt H sich die Bearbeitung des Werkstücks genauer ein.

Würde der Auszubildende erst am nächsten Tag angesprochen, hätte dies nicht die gleiche einprägende Wirkung.

Schon seit längerer Zeit werden positives und negatives Feedback als Führungsinstrumente eingesetzt. Früher ging man davon aus, daß ihre Wirkung gleich sei.

> **Merke:**
> Mit der Zeit fand man heraus, daß Anerkennung stärker wirkt als Strafe. Tadel bringt nur kurzfristige Erfolge.

Dies zeigt auch folgende Untersuchung:

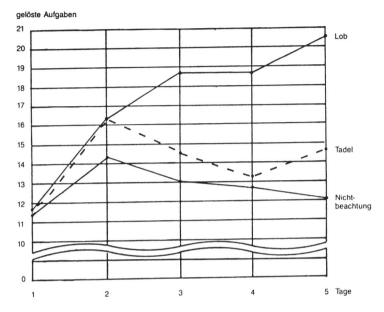

(verändert n. *Hurlock*, zit.n. *Tausch/Tausch*, 1968, S. 81)

Erläuterung

— Anerkennung führt zu einer langfristigen Leistungssteigerung, während Tadel zwar zu Beginn stärker wirkt, jedoch später zu rapidem Leistungsabfall führt.

— Gibt man also keinerlei Feedback, führt dies zunächst zwar auch zu einer Leistungssteigerung, hat später aber auch eine ständige Abnahme der Leistung zur Folge.

— Anerkennung hat überdies auch eine anspornende Wirkung. Auch gute Ansätze sollten anerkannt werden.

Merke:

Ein wichtiger Grundsatz beim positiven und negativen Feedback ist, daß die Maßstäbe, die angelegt werden, plausibel und einleuchtend sind.

7.4.2 Kontrolle

„Vertrauen ist gut, Kontrolle ist besser".

Dieser Satz gilt noch für viele Vorgesetzte. Er darf aber nicht für diejenigen gelten, die Jugendliche ausbilden oder mit Jugendlichen zusammenarbeiten.

Sicherlich läßt sich keiner von uns gern kontrollieren und schon gar nicht der Heranwachsende, der ja zudem noch in einer, durch seine Entwicklung bedingten, schwierigen Phase ist. Grundsätzlich kann aber auf eine Überprüfung der Arbeit nicht verzichtet werden. Gerade wenn die ausgeführten Tätigkeiten ein Sicherheitsrisiko beinhalten, ist ein gewisses Maß an Kontrolle unumgänglich.

Wichtig ist, daß der Jugendliche nicht das Gefühl bekommt, beobachtet zu werden.

Bei notwendigen Kontrollen sollte die positive Zielsetzung, nämlich Fehler zu erkennen, um die Fehlerhäufigkeit in Grenzen zu halten, im Vordergrund stehen, d. h. es muß die Einsicht vermittelt werden, daß durch die Kontrolle gefundene Fehler nicht Grund zur Bestrafung sind, sondern nur beachtet werden, um Fehler in Zukunft zu vermeiden.

Merke:

Durch das Erkennen von Fehlern kann in Zusammenarbeit mit dem Jugendlichen

– Einsicht in die Ursachen der Fehler gewonnen werden und
– können Fehler in Zukunft vermieden werden.

Beispiel:
Rainer ist Junglaborant. Seine Aufgabe besteht in der analytischen Überwachung von Vorprodukten, die im Produktionsbetrieb zum Einsatz kommen. Falsche Analyseergebnisse führen zu hohem wirtschaftlichem Schaden. Aus diesem Grund muß der Laborleiter, der Rainers Zuverlässigkeit noch nicht kennt, dessen Arbeit kontrollieren. Er setzt sich deshalb mit Rainer zusammen, erklärt ihm die betrieblichen Zusammenhänge und macht ihm dadurch die große Bedeutung seiner Analysen klar. Gern läßt Rainer seinen Chef parallel arbeiten und bemüht sich um besondere Sorgfalt. Als im Ergebnis Differenzen entstehen, ist er zwar enttäuscht, die gemeinsame Fehlersuche verläuft aber in gutem Einvernehmen.

> **Merke:**
> Aufgabe (z. B. des Ausbilders) ist es, eine Atmosphäre zu schaffen, in der
> – kein Mißtrauen durch die Kontrolle entsteht, sondern
> – ihre sachliche Notwendigkeit akzeptiert wird.

Bei dem Beispiel verhält sich der Laborleiter richtig, indem er sich mit dem Junglaboranten Rainer zusammensetzt und ihm die Zusammenhänge erläutert.
Verständlich ist die Enttäuschung von Rainer, da er gerade als junger Mensch den Wunsch hat, den Erwachsenen zu beweisen, daß auch er schon die gleiche Leistung wie seine älteren Kollegen erbringen kann. Starke Selbstwertzweifel würden hervorgerufen, wenn Rainer aufgrund der Fehler eine andere Tätigkeit zugeteilt bekäme.

Zusammenfassung

– Im Vordergrund der Kontrolle muß die Einsicht in die gemachten Fehler stehen.
– Das Gefühl des argwöhnischen Mißtrauens muß vermieden werden.

7.4.3 Weitergabe von Informationen

Wir alle haben den Wunsch, über wichtige Dinge informiert zu werden. Dies gilt auch für den Jugendlichen.

> **Merke:**
> Informiert werden heißt, von anderen beachtet zu werden.
> Schlechte Arbeitsergebnisse sind nicht immer
> – auf „Unvermögen" zurückzuführen, sondern
> – sind häufig eine Folge unzureichender Information.

Bekommt der Jugendliche für die Bearbeitung eines Projekts nicht die notwendigen Informationen, so kann er kaum zu einem positiven Ergebnis kommen.

Beispiel:
In der Lehrwerkstatt bilden die Meister Faber und Schulze Jugendliche zu Anlagenmechanikern aus. Dabei lassen sie Modelle anfertigen.
Schulze gibt dem Auszubildenden Fred folgende Anweisung:
„Hier sind 2 Metallscheiben. Bohre in beide 10 Löcher mit 10 mm Durchmesser."
Fred führt den Auftrag korrekt durch. Dennoch wird er von Schulze getadelt, da beim Einbau in ein Kühlersystem die Kühlrohre, die in die Löcher geführt werden müssen, nicht parallel verlaufen. Meister Schulze hat versäumt, Fred den Zweck des Auftrags näher zu erläutern.
Anders Meister Faber: Er zeigt dem Auszubildenden Lutz zunächst den Plan, nach dem der Kühler gebaut werden soll. Dann erklärt er ihm die Funktion der zu bohrenden Löcher. Lutz leuchtet ein, daß es beim Kennzeichnen der Bohrstellen auf den Millimeter ankommt. Lutz und Meister Faber sind beide mit der Arbeit zufrieden.

Durch die richtige Information des Auszubildenden Lutz konnte dieser die ihm gestellte Aufgabe korrekt erfüllen. Auch Fred führte den Auftrag gemäß den ihm zur Verfügung stehenden Informationen durch, jedoch nicht so, wie der Meister Schulze es sich vorgestellt hatte. Die Folge der nicht ausreichenden Information könnte auch eine Auseinandersetzung zwischen Fred und dem Meister sein. Fred könnte sich ungerecht behandelt fühlen, was bei einem Jugendlichen leicht zu aggressivem Verhalten führen kann.

Merke:

Informationen sind um so bedeutender
- je zahlreicher sie sind,
- je verschiedenartiger die Quellen sind,
- je vertrauenswürdiger die Quellen sind.

Charakteristisch für eine autoritäre Führung ist, daß durch unzureichende und unklare Informationen Jugendliche über den Sinn und Zusammenhang der Aufgabe im unklaren gelassen werden.

7.4.4 Gesprächsführung

Bei der Gesprächsführung sollte der Ausbilder die Regeln der „personenzentrierten Gesprächsführung" beachten (vgl. *Crisand,* Band 11 dieser Reihe):

- paraphrasieren
- verbalisieren
- Ich-Botschaften statt Sie-Botschaften
- keine reversiblen Aussagen
- „du bist im Augenblick für mich der wichtigste Gesprächspartner"
- „ich muß mich auf deinen Stuhl setzen, in ‚deine Haut schlüpfen' " (*Rogers*)
- „ich verstehe dein Verhalten auch wenn ich es nicht akzeptieren kann".

8. Konflikte[1]

Die körperlichen und seelischen Veränderungen in der Jugendzeit lassen sich erklären durch Spannungsverhältnisse zwischen:
- Bewußtsein und Unterbewußtsein
- „Ich" und „Es"
- Vernunft und Gefühl.

Konflikte zwischen Vorgesetzten und Jugendlichen verringern den Lernerfolg in der Ausbildung. Die Folge von Konflikten ist oft Frustration, und daraus folgt als Abwehrmechanismus die Aggression.

Merke:

Verhaltensweisen, die die Entstehung von Konflikten verhindern, sind:
- die Meinung des Jugendlichen zunächst einmal unwidersprochen stehen lassen,
- Situation herunterspielen,
- eigene Argumente prüfen,
- sachlich bleiben,
- Reizworte vermeiden,
- gegenseitige Standpunkte festhalten,
- evtl. günstigeren Zeitpunkt für ein klärendes Gespräch abwarten.

Kommt es trotzdem zu einem Streitgespräch, so sollte man nicht in „Unfrieden" auseinandergehen, sondern den Konflikt möglichst noch am gleichen Tag bereinigen und eine Lösung suchen.

Der Weg, wie ein Konflikt angegangen wird, hängt vom Ausbilder (Vorgesetzten) ab. Seine Aufgabe ist es, das Gespräch mit dem Ziel zu führen, die gegenteiligen Standpunkte herauszuarbeiten, so daß deutlich wird, worin der Konflikt besteht.

Falls der jugendliche Gesprächspartner emotional „geladen" ist, sollte der Ausbilder ihn zunächst auffordern, über seinen Ärger zu sprechen, um so die Spannungen abzubauen. Hierbei erfährt der Vorgesetzte dann auch, was den Jugendlichen belastet, evtl. auch entsprechende Hintergründe des Konflikts. Erst dann können die sachlichen Argumente gesammelt und gegenübergestellt werden.

---

[1] Vgl. *Crisand, Ekkehard,* Methodik der Konfliktlösung, Band 23 dieser Reihe.

9. Schlußbemerkung: „Nicht nur negativ und nicht nur pessimistisch"

Beim Lesen jugendpsychologischer Literatur fällt auf, daß vorwiegend die Rede ist von
- Entwicklungsstörungen,
- Problemen des Jugendlichen mit sich selbst und mit seiner Umwelt,
- Konflikten.

Diese Schwierigkeiten müssen natürlich angesprochen werden, um durch Aufklärung die Probleme überwinden zu helfen. Es soll jedoch einmal deutlich gesagt werden, daß diese Schwierigkeiten nicht überwiegen. Die Jugendzeit ist keine ausschließlich schwierige Phase, sondern eine Entwicklungszeit mit ihren spezifischen Problemen, aber auch mit großen Chancen.

Da die Mehrheit der Jugendlichen sich an der Welt der Erwachsenen orientiert und „trotzdem" pessimistisch eingestellt ist, ist es wohl an den Erwachsenen, sich kritisch mit ihren Normen, Verhaltensweisen und Perspektiven auseinanderzusetzen und zu versuchen, eine Änderung der Dinge herbeizuführen, die zur pessimistischen Grundhaltung der Jugendlichen führen. Denn nur eine positive und optimistische Lebenseinstellung der Erwachsenen in ihrer Funktion als Vorbild der Jugend kann zu einer positiven und optimistischen Lebenseinstellung der Jugendlichen führen.

Arbeitshefte Personalwesen

Herausgegeben von Prof. Dr. Ekkehard Crisand,
Prof. Dr. Peter Bellgardt, Prof. Werner Bienert,
Wolfgang Reineke.

Diese Schriftenreihe versteht sich als Bindeglied zwischen anspruchsvoller Spezialliteratur und praktischen Alltagsfragen. Durch die Ergänzung von allgemeiner und detaillierter Themenstellung wird der Leser einerseits Einzelprobleme in die sachlichen, organisatorischen und rechtlichen Zusammenhänge einordnen können, andererseits aber konkrete Entscheidungshilfen für die Arbeit erhalten.

Band 1: Recht und Taktik des Bewerbergesprächs (Bellgardt)
Band 6: Rechtsfragen bei Personalbeschaffung und Personaleinsatz (Racké)
Band 9: Erfolgreiches Verhandeln mit Betriebs- und Personalräten (Rischar)
Band 10: Seminarkonzeptionen (Leonhardt/Riegsinger)
Band 11: Kündigungsfibel (Bauer/Röder)
Band 12: Das Personalhandbuch als Führungsinstrument (Prollius)
Band 13: Flexible Arbeitszeitsysteme (Bellgardt)
Band 15: Kooperationspartner Personal-Management (Fröhlich)
Band 16: Qualitätszirkel (Bergemann/Sourisseaux)
Band 17: Personalwesen als Organisationsaufgabe (Spie)
Band 18: Das Stellenangebot in der Tageszeitung (Schwarz)
Band 19: Personal-Controlling (Papmehl)
Band 20: Datenschutzpraxis im Personalbereich (Bellgardt)
Band 21: Personalpflege (Brinkmann)
Band 22: Schwerbehinderte im Betrieb (Wolfin/Schmidt)
Band 23: Personalbeurteilungssysteme (Crisand/Stephan)

Weitere Bände befinden sich in Vorbereitung

Sauer-Verlag Heidelberg

Arbeitshefte Führungspsychologie

Herausgegeben von Prof. Werner Bienert und Prof. Dr. Ekkehard Crisand.

Die Anregung für diese Reihe geht auf Führungsseminare zurück, welche die Herausgeber — Professoren an der Fachhochschule Ludwigshafen — für namhafte Firmen und Verbände durchführten. Die dabei behandelten Themen aus dem Bereich der angewandten Wissenschaften garantieren Prägnanz. Der Stoff und die Lösungsansätze sind konsequent nach den Erfordernissen der Praxis ausgerichtet. Typisch für die Hefte: verständlich, wissenschaftlich fundiert, lernpsychologisch aufbereitet und portioniert. Sie sind somit zur Aus- und Weiterbildung von Fach- und Führungskräften sowie im Rahmen des Studiums an Hochschulen und Akademien bestens geeignet. Die inzwischen erreichte Gesamtauflagenhöhe von über 260 000 Exemplaren spricht für sich.

Band 1: Psychologie der Persönlichkeit (Crisand)
Band 2: Grundlagen der Führung (Stroebe/Stroebe)
Band 3: Führungsstile (Stroebe/Stroebe)
Band 4: Motivation (Stroebe/Stroebe)
Band 5: Kommunikation I (R. W. Stroebe)
Band 6: Kommunikation II (R. W. Stroebe)
Band 7: Arbeitsmethodik I (R. W. Stroebe)
Band 8: Arbeitsmethodik II (R. W. Stroebe)
Band 9: Gezielte Verhaltensänderung (Stroebe/Stroebe)
Band 10: Transaktions-Analyse (Rüttinger)
Band 11: Psychologie der Gesprächsführung (Crisand)
Band 12: Psychologie der Jugendzeit (Crisand/Kiepe)
Band 13: Anti-Streß-Training (Crisand/Lyon)
Band 14: Lernpsychologie für den beruflichen Alltag (Heineken/Habermann)
Band 15: Konflikttraining (Berkel)
Band 16: Führung von Gruppen (Rahn)
Band 17: Ursachen von Erfolg und Mißerfolg im Betrieb (Vollmer)
Band 18: Das Gespräch in der betrieblichen Praxis (Crisand/Kiepe)
Band 19: Psychologische Grundlagen im Führungsprozeß (Crisand/Herrle)
Band 20: Das Sachgespräch als Führungsinstrument (Crisand/Pitzek)
Band 21: Präsentation (Motamedi)
Band 22: Mitarbeiter-Coaching (Brinkmann)
Band 23: Methodik der Konfliktlösung (Crisand/Reinhard)
Band 24: Akzeptiertes Führungsverhalten (W. Schmidt)
Band 25: Know-how der Persönlichkeitsbildung (Crisand/Crisand)

Sauer-Verlag Heidelberg